बेवकूफी में समझदारी

मुल्ला नसीरुद्दीन एक दन्तकथा भी है, एक नायक भी और एक साधारण पात्र भी। लेकिन सबसे पहले एक साधारण मनुष्य जो साधारणता की तमाम खूबियों-खामियों के साथ बेवकूफी और समझदारी के सब बँटवारों को छिन्न-भिन्न करते हुए हमें एक ऐसे साथी के रूप में मिलता है जो जीवन की हर स्थिति में हमारे साथ खड़ा होता है। सदियों से मुल्ला हमारे साथ हैं, वह गुदगुदाते हैं, चौंकाते हैं, शरारत करते हैं और शिक्षा भी देते हैं। ऐसा कोई नहीं जो मुल्ला की कहानियों को पढ़ना-सुनना न चाहे। उल्लेखनीय यह है कि मुल्ला नसीरुद्दीन की कहानियाँ सिर्फ चुटकुले नहीं हैं, उनका एक सामाजिक परिप्रेक्ष्य है, एक वातावरण है, और सबसे ऊपर है मानव-व्यवहार की गहरी समझ और उसका अंकन।

बेवकूफी में समझदारी

मुल्ला नसीरुद्दीन

संकलन

शिरोमणि देवी

राजकमल पेपरबैक्स

राजकमल पेपरबैक्स में
पहला संस्करण : 2008
पाँचवाँ संस्करण : 2022

राजकमल पेपरबैक्स : उत्कृष्ट साहित्य के जनसुलभ संस्करण

राजकमल प्रकाशन प्रा. लि.
1-बी, नेताजी सुभाष मार्ग, दरियागंज
नई दिल्ली-110 002
द्वारा प्रकाशित
शाखाएँ : अशोक राजपथ, साइंस कॉलेज के सामने, पटना-800 006
पहली मंजिल, दरबारी बिल्डिंग, महात्मा गांधी मार्ग, प्रयागराज-211 001
वेबसाइट : www.rajkamalprakashan.com
ई-मेल : info@rajkamalprakashan.com

बी.के. ऑफसेट
नवीन शाहदरा, दिल्ली-110 032
द्वारा मुद्रित

मूल्य : ₹99

BEVKUFI MEIN SAMAJHADARI
by Mulla Nasiruddin

ISBN : 978-81-267-1532-9

भूमिका

'मुल्ला नसीरुद्दीन बहुत पुराना सूफी चरित्र है। उसके बारे में जो कहानियाँ प्रचलित हैं, वह दो-तीन सौ साल पुरानी हैं। मुल्ला नसीरुद्दीन पर अधिकार जमाने वाले अनेक देशों के लोग हैं। रूसी कहते हैं कि वह उनका है। उनके यहाँ कब्र पर लगा एक पत्थर है जिससे वह प्रमाणित करते हैं कि मुल्ला नसीरुद्दीन उनका है। अरब के लोग कहते हैं कि उनका है—बुखारा में उसका स्मारक बना हुआ है। ईरानी भी उस पर अपना पूरा अधिकार जताते हैं कि जबकि सच तो वह किसी एक जाति विशेष या देश का नहीं है।

जिस प्रकार खीर के साथ मीठा, और रसगुल्ले के साथ रस जुड़ा है उसी तरह मुल्ला नसीरुद्दीन की कहानियों में कौतुक भी अनिवार्य रूप से सन्निहित है। सुगठित और रस से भरपूर यह संकलन वास्तव में रस से भरे पके अंगूरों का गुच्छा है जिसे होंठों से छुआते ही हँसी फूट पड़ती है। मुल्ला नसीरुद्दीन के चुटकुले हमें हँसाते हैं और जीवन की गहरी समझ भी देते हैं।

—शिरोमणि देवी

अनुक्रम

बेवकूफी में समझदारी

चाँद निकल आया

मदभरी रात थी, चाँद चाँदनी बिखेर रहा था। मुल्ला ऐसे वक्त में एक कुएँ के पास से गुजर रहे थे। पता नहीं उन्हें क्या सूझा कि वह कुएँ में झाँकने लगे। पानी में चमकता चाँद देख उन्हें बड़ा अफसोस हुआ। "बेचारा चाँद कुएँ में गिर गया।" मुल्ला ने सोचा और ठान ली कि उसे कुएँ से निकालकर ही रहेंगे। वह कहीं से एक रस्सी ले आए और उसे कुएँ में डाल दी। रस्सी हिलाते जाते और ताज्जुब करते जाते कि चाँद आखिर कुएँ में गिरा कैसे? मुल्ला की मेहनत बेकार नहीं गई। रस्सी में चाँद तो नहीं, एक पत्थर जरूर अटक गया। मुल्ला ने सोचा चाँद है। उन्होंने ताकत लगाकर रस्सी खींचनी शुरू की। रस्सी में खिंचाव आया। पत्थर थोड़ी देर तक उठा, फिर गिर गया। उधर रस्सी का दूसरा छोर खींच रहे मुल्ला भी पीठ के बल जमीन पर जा गिरा। गिरते ही उन्हें चाँद-तारे नजर आ गए। आसमान पर चाँद देखते ही उन्होंने खुद से कहा, "ओह, आखिर मैंने चाँद को कुएँ से निकाल ही लिया।"

खत और खता

बुखारा में पढ़े-लिखे लोग सिर पर उस समय एक साफा बाँधा करते थे। हमारे मुल्ला नसीरुद्दीन कितने पढ़े-लिखे थे, कौन पूछे? पर वह साफा या पगड़ी जरूर सिर पर धरते।

एक बार एक अनपढ़ दौड़ा-दौड़ा मुल्ला के पास गया और उन्हें खत देकर गुजारिश करने लगा कि जरा इसे पढ़ दो। मुल्ला ने उससे वह खत तो ले लिया पर हर तरफ से घुमा-फिराकर देखने पर भी उन्हें अहसास हो गया कि इसका तो एक-एक अक्षर भैंस बराबर। खत लौटाते हुए उन्होंने कहा, "माफ करना, मैं इसे पढ़ने-समझने में नाकाम हूँ।"

अनपढ़ आदमी मुल्ला की यह बेबसी देख रोने लगा, "शर्म करो मुल्ला, तुम्हें शर्म आनी चाहिए कि तुम साफा पहने हुए हो।" यह सुनकर मुल्ला भी तैश में आ गया और दोनों हाथ से अपना साफा निकाला और उस अनपढ़ आदमी के सिर पर रखकर बोलो, "अब यह साफा तुम पहने हुए, हो तो अब और अपना खत खुद पढ़ लो।"

पिछले दरवाजे से

मुल्ला नसीरुद्दीन की शादी हो चुकी थी। उसने दोस्तों को शादी की न तो कोई सूचना दी, न ही कार्ड भेजा और न ही दावत दी। दावत न मिलने से सभी लोग नाराज होकर बैठ गए।

एक दिन सब लोगों ने योजना बनाई कि मुल्ला को बुलाकर सूचना दे दो कि हम सब लोग तुम्हारे घर दावत खाने आ रहे हैं।

मुल्ला ने कहा, "अच्छी बात है चलो मेरे साथ।" सभी मुल्ला के घर की ओर चल पड़े। कुछ दूर चलने के बाद मुल्ला ने कहा, "आप यहीं रुक जाओ, मैं अपनी बीवी से दावत की तैयारी करवाकर आता हूँ।"

अन्दर जाकर मुल्ला ने अपने दोस्तों की इच्छा जाहिर की, वह तो मुल्ला पर जोर से बरस पड़ी और बोली, "इतने लोगों का खाना बनाना मेरे वश की बात नहीं है, जाओ बाहर जाओ और दोस्तों को टालकर आओ।"

मुल्ला ने बहुत समझाया, कुछ प्यार से कुछ डाँट के, पर वह कहाँ सुननेवाली थी। उसने अपने इज्जत की भी दुहाई दी, पर बीवी ने तो उंगली ही नहीं पकड़ने दी। अन्त में मुल्ला ने कहा—"मैं तो मना नहीं कर सकता, वे बाहर प्रतीक्षा में खड़े हैं।"

"तो ठीक है तुम ऊपर कमरे में जाकर बैठो, मैं ही मना किए देती हूँ।"

उधर मुल्ला के दोस्तों ने घंटा भर इन्तजार किया, फिर मुल्ला का दरवाजा खटखटाया कोई जवाब नहीं, फिर धीरे खट-खट किया, कोई जवाब नहीं, एक बार जरा जोर से धक्का मारा, उधर से भी मुल्ला की बीवी का स्वर जरा जोर का आया कि वह घर पर नहीं हैं, कहीं बाहर गए हैं।

यह सुनकर दोस्त एक-दूसरे का मुँह देख रहे थे। बहुत आश्चर्य था कि मुल्ला अभी तो घर में गए हैं हमने तो दरवाजे से निकलते देखा नहीं, यहीं टकटकी लगाए प्रतीक्षा कर रहे हैं।

अब बीवी क्या कहे... चुप, सभी दोस्त अभी प्रतीक्षा में खड़े ही हैं। ऊपर से मुल्ला भी सारी बातें सुन रहे थे, वह भी चुप न रह सका, बोला, "तुम लोग सदर दरवाजे पर नजर रखे हो, क्या वह पिछले दरवाजे से नहीं जा सकता?"

बुरे लक्षणों वाला कौन?

अमीर नाम का व्यक्ति अपने घर से किसी शुभ कार्य के लिए जा रहा था। रास्ते में ही उसकी नसीरुद्दीन से मुलाकात हो गई, पता नहीं क्यों अमीर जी की त्यौरियाँ चढ़ गईं। उन्होंने नसीरुद्दीन को पिटवाने की सोची और उसने कोतवाल से कहा, "यह बुरे लक्षणों वाला व्यक्ति है इसे देखने से सब काम बिगड़ जाते हैं। आज मेरे सभी काम बिगड़े समझो। इसे अभी 'पचास' कोड़े लगाओ जिससे फिर कभी यह मेरे सामने न आए।

अमीर के हुक्म की तामील की गई। नसीरुद्दीन को पचास कोड़े मारे गए।

पर आज अमीर के सारे ही काम ठीक हो गए। अब अमीर स्वयं भी पछता रहे हैं, दुःखी हो रहे हैं कि आज मेरे सभी काम ठीक हुए रोज से बढ़िया हुए हैं। पछताते हुए मुल्ला को बुलाया और कहा, "नसीरुद्दीन मुझसे तो बहुत बड़ी गलती हो गई कि मैंने तुम्हें बुरे लक्षणों वाला बताया, पिटवाया फिर भी मेरे काम सब बन गए।"

यह सुनकर नसीरुद्दीन ने भोलेपन से कहा, "मुझे देखकर आपके सारे काम बन गए, पर आपको देखकर तो मुझे पचास कोड़े खाने पड़े। अब आप ही बताइए कौन अच्छे लक्षणों वाला है कौन बुरे। मैं भी आपको कुछ इस प्रकार का दंड दूँ तो कैसा लगेगा। पर मैं ऐसा करनेवाला नहीं हूँ। जैसा कोई करता है, वह स्वयं भरता है।"

मूर्ख

मुल्ला नसीरुद्दीन धर्म की कट्टरता का विरोधी था, वह सबसे मिलकर रहता था। वह अक्सर धर्म के नाम पर जो धन्धेबाजी करते थे उनकी पोल खोलता रहता था, इसलिए ये सब लोग उससे चिढ़ते थे।

एक दिन मौलवी और मुल्ला नसीरुद्दीन रास्ते में टकरा गए, थोड़ी-सी कहासुनी हो गई। फिर वाद-विवाद के लिए एक समय निश्चित कर लिया गया। किसी कारणवश मुल्ला नसीरुद्दीन अपने मकान का ताला लगाकर कहीं चला गया।

मौलवी जी ठीक समय मुल्ला जी के दरवाजे पर आए पर दरवाजे पर ताला देखकर गुस्से से तमतमा गए और क्रोध में खड़िया से लिख गए, 'मूर्ख'।

जब मुल्ला नसीरुद्दीन अपने घर पधारे तब दरवाजे पर ही बड़े-बड़े शब्दों में 'मूर्ख' लिखा देखा तो बस क्या था वह भी गुस्सेवाले कम नहीं था। आव देखा न ताव, लौट पड़े मौलवीजी के घर की तरफ, जाकर बोले, "गलती हो गई मुझे ध्यान नहीं रहा कि आप आने वाले हैं, घर आकर आपका नाम देखा, तभी लौटकर आपसे मिलने चला आया।"

कानूनी अपराध

मुल्ला नसीरुद्दीन अपने मकान की तीसरी मंजिल पर किसी कार्य में व्यस्त थे, पर उनका शरीर नीचे सड़क से दिख रहा था। नीचे से सड़क पर चलते हुए एक व्यक्ति ने उनको नीचे आने के लिए इशारा किया। बेचारे मुल्ला जी नीचे आ गए।

उसकी आँखों में दया की याचना के देखकर मुल्ला जी को भी दया आ गई और उससे पूछा, "क्या बात है बताइए?"

उस आदमी ने कहा, "मुल्ला साहब अल्लाह के नाम पै कुछ दे दीजिएगा।"

मुल्ला को बड़ा तेज गुस्सा आया। उसने कहा, "यही कहने को तुमने मुझे नीचे बुलाया था।"

भिखारी बोला, "माफ कीजिए मुल्ला जी, तेज आवाज में भीख माँगने में शर्म आती है।"

मुल्ला जी ने भिखारी को बड़े प्यार से अपने साथ आने को कहा और वह भिखारी खुशी-खुशी मुल्ला जी के पीछे-पीछे उनकी तीसरी मंजिल पर पहुँच गया। ऊपर पहुँचने के बाद मुल्ला जी ने भिखारी से कहा, "अब आप जा सकते हैं। भीख-वीक कुछ नहीं मिलेगी, तुम जानते नहीं भीख देना एवं लेना दोनों ही कानूनी अपराध है।"

फूँक से ठंडा या गर्म?

मुल्ला नसीरुद्दीन की प्रसिद्धि बहुत दूर-दूर तक फैली हुई थी। समाज में उनका बहुत अच्छा स्थान था, ज्ञान व बुद्धि में उनकी बराबरी का कोई नहीं था। उनको बहुत सम्मानित व्यक्ति की तरह देखा जाता था। ऐसा लोगों का विश्वास था कि वह जो कुछ कहते हैं, करते हैं, बताते हैं, वह सही होता है।

एक दिन एक व्यक्ति बहुत दूर से चलकर मुल्ला जी के पास आया। उस समय मुल्ला जी अपनी दोनों हथेलियों को मुँह से फूँक मार रहे थे। आनेवाले व्यक्ति ने पूछा, "आप यह क्या कर रहे हैं।" मुल्ला ने कहा, "फूँक मारकर हाथ गर्म कर रहा हूँ।"

आगन्तुक के स्वागत में कुछ देर पश्चात ही मुल्ला की पत्नी दो बड़े-बड़े कटोरों में दूध लेकर आ गई। एक कटोरा मुल्ला के पास रखा तथा दूसरा अतिथि के सामने। मुल्ला नसीरुद्दीन ने अपना वाला कटोरा उठाया और दूध को फूँक मारना आरम्भ कर दिया।

यह देखकर आगन्तुक ने कहा, "दूध तो पहले से ही गर्म है, इसे क्यों फूँक रहे हो?"

"ठंडा करने के लिए।" मुल्ला ने कहा।

यह सुनकर आगन्तुक चक्कर में पड़ गया। उसकी समझ में नहीं आया कि फूँकने से चीज गर्म होती है, तो उसी से ठंडी कैसे हो रही है, वह आश्चर्य से मुल्ला को देखता ही रह गया।

भाषा की समझ

मुल्ला नसीरुद्दीन अपने कुछ परिचितों के साथ अपने घर की चौपाल के चबूतरे पर बैठा हुआ था। तभी एक अन्य परिचित ने कहा, "मुल्ला जी, आज मैं अपनी ससुराल जा रहा हूँ, मुझे अपना गधा दे दीजिए, बड़ी ही मेहरबानी होगी।"

"माफ कीजिए, मेरे गधे को तो एक व्यक्ति माँगकर ले गया है।" मुल्ला ने कहा।

उसी समय बराबरवाली कोठरी से आवाजें आनी शुरू हुईं। गधा जोर-जोर से रेंकने लगा। उन आवाजों को सुनकर उस परिचित ने पुनः कहा, "झूठ क्यों बोलते हो। आपका गधा तो कोठरी में ही रेंक रहा है।"

"अच्छा, तो तुम मेरी भाषा नहीं समझते हो और गधे की भाषा समझ ली।" मुल्ला ने कहा।

अमल करके सलाह

अपने ही गाँव की एक बुढ़िया मुल्ला नसीरुद्दीन की जो पुरानी परिचित थी। एक दिन अपने बेटे को उनके पास लेकर आई और कहने लगी, "मुल्ला जी मेरा बेटा मुझे बहुत प्यारा है, पर यह रोज एक मुट्ठी चीनी खाता है। चीनी बहुत महँगी हो रही है इस कारण मैं नहीं खिला सकती। दूसरा कारण यह भी है कि मुल्ला जी ज्यादा चीनी खाना इसे नुकसान देगा, बीमार पड़ेगा तो मैं और मुसीबत में पड़ जाऊँगी। भले ही यह छोड़े नहीं पर कुछ कम तो अवश्य ही कर दे।"

थोड़ी देर सोचने के पश्चात् बोले, "यह काम आसान तो नहीं है, पर तुम्हारे लिए अवश्य करूँगा। तुम एक सप्ताह के बाद आना।"

वह बुढ़िया एक सप्ताह बाद फिर आई। मुल्ला ने उसे फिर दो सप्ताह बाद आने को कहा, फिर टाल दिया। इस प्रकार पाँच सप्ताह पूरे हो गए। अब मुल्ला ने बुढ़िया के बेटे को डांटते हुए कहा, "आज से एक छटांक से ज्यादा चीनी मत खाना।"

बुढ़िया ने यह आदेश सुना तो बोली, "यह बात तो बहुत पहले ही दिन बता सकते थे। फिर पाँच चक्कर क्यों लगवाए?"

"बात यह है कि तुम्हारे बेटे को ज्यादा चीनी खाने की आदत कम करने से पहले, मैं अपनी चीनी खाने की आदत को कम करूँ, अगर मैं ऐसा नहीं करूँगा तो उस पर मेरी बात का कोई प्रभाव नहीं होगा। इसी कारण पाँच सप्ताह की देरी की है।"

अमीरों की कमजोरी

उन दिनों मुल्ला नसीरुद्दीन तेहरान में रहता था। वहाँ उसका बड़े-बड़े आदमियों में उठना-बैठना था। एक दिन वह अपने अमीर मित्र के यहाँ गया, वह उसका बहुत सम्मान करता था।

उसके दिमाग में एक योजना सूझी। उसके पास एक बहुत सुन्दर पगड़ी थी, जिस पर सुनहरा काम हुआ था वह उसको लेकर अमीर मित्र की सभा में पहुँच गया। देखते ही अमीर ने पूछा, "यह अजीब सी पगड़ी किसकी है, मुल्ला?"

"एक हजार स्वर्ण मुद्राओं की।"

दरबार के लोगों को मुल्ला की नियत पर शक हुआ। उसने अमीर के कान में धीरे कुछ कहा, "कोई मूर्ख ही इस पगड़ी के लिए इतनी कीमत दे सकता है।"

अमीर ने कहा, "इस पगड़ी की इतनी कीमत कुछ ज्यादा नहीं है क्या? ऐसी क्या खास बात है इसमें?" "खास बात पगड़ी में नहीं, खरीदार में है। एक आप ही तो हैं जो इसको खरीद सकते हैं।"

मुल्ला की इस बात को सुनकर अमीर और प्रसन्न हो उठा। बड़े उत्साह के साथ उसने पूरा मूल्य चुकाकर पगड़ी मुल्ला के हाथ से ले ली।

बाद में मुल्ला ने दरबारियों से कहा, "तुम पगड़ी की असली कीमत जान सकते हो, मगर मुझे पता है कि अमीरों की कमजोरी क्या होती है। उनको चीज पसन्द आनी चाहिए, फिर वे पैसों की परवाह नहीं करते।"

जूता क्यों नहीं बनाता?

मुल्ला नसीरुद्दीन को घूमने का मूड बना और बाजार की ओर निकल पड़ा। बाजार में देखा एक आदमी अपनी दुकान खोले बैठा है और काम कुछ भी नहीं कर रहा है। वह चुप तो रह नहीं सकता था, उस खाली बैठे आदमी के पास पहुँच गया और उससे पूछा, "क्या तुम्हारे पास कील है?"

"जी हाँ!" दुकानदार ने कहा।

"और चमड़ा?"

"जी हाँ!"

"धागा?"

"जी हाँ!"

"रंग?"

"जी हाँ!"

"जब तुम्हारे पास जूता बनाने का सारा सामान है तो जूता क्यों नहीं बनाते हो?"

मुल्ला नसीरुद्दीन को यह आदत पड़ चुकी थी, जहाँ आवश्यकता होती अपनी नसीयत अवश्य दे देता था।

कौन ज्ञानी, कौन मूर्ख?

ईश्वर का भय दिखाकर अपना धन्धा चमकानेवाले धर्म के धन्धेबाज अपने को ज्ञानी घोषित करते रहे और दूसरों को बेवकूफ।

मुल्ला नसीरुद्दीन उसी ग्रुप के पाँच लोगों ने अमीर से शिकायत कर दी

क्योंकि वे सभी अमीर के चमचे थे और अपनी कमाई में से अमीर को भी हिस्सा दिया जाता था।

अमीर ने मुल्ला को बुला भेजा और इनकी शिकायत पर मुल्ला को सफाई देने की बात कही।

मुल्ला ने कहा, "इन सभी लोगों को कागज और पैन दिया जाए, जिससे ये लोग मेरे प्रश्न का जवाब लिख दें।"

इन सभी लोगों को कागज और पैन दे दिए गए। तब मुल्ला ने अपना सवाल पूछा, "रोटी का मतलब क्या?"

सभी लोगों ने अपना-अपना उत्तर लिखकर अमीर को कागज पकड़ा दिए। अमीर ने जवाब पढ़े। पहले ज्ञानी ने लिखा था। "रोटी एक खाद्य है।" दूसरे ज्ञानी ने लिखा था, "पानी में गूंथे आटे को चकले पर बेलकर बनाया गया एक पदार्थ है।" तीसरे ज्ञानी ने लिखा था, "रोटी ईश्वर का वरदान है।" चौथे ज्ञानी ने लिखा था, "रोटी का मतलब मूर्ख को छोड़कर सभी जानते हैं।"'

पाँचवें ज्ञानी ने लिखा था, "रोटी का सही अर्थ मुश्किल है।"

पाँचों का जवाब जानकर मुल्ला ने कहा, "जिस चीज को ये लोग रोज देखते हैं, खाते हैं, उसका अर्थ भी इन सबने अलग-अलग बताया है। फिर जिस ईश्वर को इन्होंने कभी देखा ही नहीं उसके बारे में ये लोग कैसे बता सकते हैं। अब आप ही बताइए क्या इस तरह ये लोग आम जनता को ईश्वरीय ज्ञान के नाम पर बेवकूफ नहीं बनाते हैं। अब आप ही बताइए ये ज्ञानी हैं या मूर्ख?"

सही न्याय

मुल्ला नसीरुद्दीन बगदाद के एक बाजार से गुजर रहा था। उधर बहुत शोर मच रहा था। जिधर से शोर की आवाज आ रही थी मुल्ला उधर ही मुड़ गया।

मुल्ला ने देखा कि बाजार में सराय का मोटा मालिक एक भिखारी की गरदन दबोचे हुए है।

मुल्ला से बिना पूछे न रहा गया। उसने कहा, "गरीब भिखारी को क्यों मार रहे हो?"

"इस भिखमंगे ने मेरी अंगीठी पर अपनी रोटी सेकी और खा गया। जब मैंने रोटी सेकने की कीमत माँगी तो देने से मना कर दिया।"

मुल्ला ने भिखारी से पूछा, "यह क्या सच है?"

"हाँ।" भिखारी ने सहमकर कहा।

"क्या तुम नहीं जानते कि बिना मूल्य अदा किए दूसरों की चीजों का इस्तेमाल नहीं करना चाहिए।"

मुल्ला की बात सुनकर सराय के मालिक ने भिखारी से कहा, "अरे शैतान, इस काबिल, इज्जतदार, समझदार, नेक इनसान की बात पर जरा ध्यान दे।"

भिखारी बेचारा चुप रहा, "मुल्ला के मुँह को देखता रहा।"

मुल्ला ने प्यार से भिखारी की आँखों में आँख डालकर देखा और पूछा, "क्या तुम्हारे पास इसे देने को बिलकुल भी पैसे नहीं हैं?"

भिखारी ने अपनी झोली से सब पैसे निकालकर मुल्ला के हाथ में दे दिए। यह देखकर सराय के मालिक ने पैसे लेने चाहे, पर मुल्ला ने टोक दिया, "पहले अपने कान मेरी तरफ करो।"

जैसे ही मालिक ने अपने कान मुल्ला की तरफ बढ़ाए मुल्ला ने सिक्के उसके कानों की तरफ खनखनाना शुरू कर दिया। कुछ देर बाद मुल्ला ने उस भिखारी को सिक्के लौटाते हुए कहा, "मेरे गरीब दोस्त, अब तुम जा सकते हो।"

यह सुनते ही सराय के मालिक ने शोर मचाना शुरू किया कि मेरे पैसे तो मिले ही नहीं।

तब मुल्ला ने कहा, "सेठजी, आपको पूरी कीमत मिल चुकी है। उसने तुम्हारी अंगीठी की गरमाहट से रोटी सेकी, और तुमने उसके पैसों की खनखनाहट सुन ली। दोनों का हिसाब बराबर हो गया।"

मुल्ला की चालाकी

उन दिनों मुल्ला नसीरुद्दीन तुर्की के एक गाँव में रहता था। वह वहीं काम की तलाश में निकला। शहर की ओर गया सारा दिन घूमता रहा, इधर-उधर बातें करता रहा, पर कहीं भी काम न बन सका। शाम तक वह थककर चूर हो गया। घर लौटते समय उससे चला ही नहीं जा रहा था। रास्ते में नदी पड़ी, थकान उतारने के लिए उसने नदी के किनारे ही पेड़ के नीचे विश्राम करने लगा। ठंडी हवा का झोंका आया तो उसे नींद आ गई।

कुछ देर बाद उधर चार-पाँच आदमी आ रहे थे। उन्होंने पेड़ के नीचे मुल्ला को पड़ा देखा तो एक ने सोचा शायद यह मर गया है।

दूसरे ने कहा, "यहीं पास के गाँव का है, चलो इसे गाँव तक पहुँचा दें।"

पास के गाँव में ही मुल्ला को जाना था, इसलिए वह सारी बातें चुपचाप सुनता रहा।

मुसाफिर बहुत समझदार थे वहीं से पेड़ की शाखाएँ तोड़ ली और बातें करते-करते एक पलंग तैयार कर लिया। उस पर मुल्ला को लिटा भी दिया और लेकर चल दिए।

कुछ दूर चलने के बाद रुकना पड़ा। क्योंकि सामने नदी बह रही थी उसके पानी का उन्हें कोई अन्दाजा नहीं था। मुल्ला ने जरा सी आँख खोली, देखकर चौंक गया जहाँ से वह नदी पार कर रहे थे वह बहुत गहरी भी। मुल्ला को इसका अन्दाजा था। अगर यह थोड़ा-सा रास्ता बदल लेंगे तो गाँव आराम से पहुँच जाएँगे।

मुल्ला मुसाफिरों को सावधान करने के लिए चारपाई से थोड़ा-सा उठा हलकी-सी

आवाज में बोला, "जब मैं जीवित था तब इस नदी के किनारे वाले चिनार के वृक्षों के पास से पार किया करता था।"

मुल्ला ने पुनः लेटकर अपनी आँखों को बन्द कर लिया। मुसाफिरों ने मुल्ला को धन्यवाद दिया और उसे लेकर गाँव की ओर चल दिए। उसे यथास्थान पहुँचा भी दिया।

ज्ञान की बातें

एक दिन नसीरुद्दीन एक बगीचे के सामने से जा रहा था। बगीचे के मालिक ने उन्हें देख लिया और बुलाया।

आज बगीचे के मालिक ने अपने बगीचे के सभी कद्दू तोड़कर एक बोरे में भर लिए थे, कद्दू बहुत बड़े-बड़े एवं भारी थे। कद्दू के बोरे को लेकर चलना तो दूर उठाना भी मुश्किल हो रहा था। इसीलिए वह ऐसे आदमी को खोज रहा था कि जो उसका बोरा कोई घर पहुँचा सके, इसी कारण मुल्ला को रोका था। बगीचे के मालिक ने मुल्ला को अपना उद्देश्य बताया तो मुल्ला ने पूछा, "अच्छा आप बताइए उठाने की कीमत क्या देंगे?"

"कीमत की चिन्ता क्यों करते हो, मैं तुम्हें बहुत-सी ज्ञान की बातें बताऊँगा, जिसे तुम्हारा यह लोक और परलोक सब सुधर जाएगा। जीवन ही बदल जाएगा।"

नसीरुद्दीन ने कहा, "ठीक है।"

नसीरुद्दीन ने बहुत कठिनाई से उस बोरे को अपने कन्धे पर लादा, फिर धीरे-धीरे उबड़-खाबड़ रास्ते पर, जिस पर कीचड़ एवं कहीं-कहीं चढ़ाई भी चढ़नी पड़ती थी, चल पड़ा।

थोड़ी दूर चलने के पश्चात नसीरुद्दीन थक गया तो उसने बोरा किनारे पर रखा और सुस्ताने बैठ गया।

बगीचे के मालिक ने बड़े प्यार से कहा, "मैं तुम्हें ज्ञान की पहली बात बताता हूँ, ध्यान से सुनो। इस बात का मर्म बड़े-बड़े ज्ञानी भी नहीं जान सकते अगर तुमसे कोई कहे कि सवारी करने से पैदल चलना ज्यादा अच्छा है तो उसका भरोसा मत करना। बेटे, मेरी बात पर ध्यान देना तभी इस बात का मर्म समझ पाओगे।"

नसीरुद्दीन ने कोई जवाब नहीं दिया और बोरा उठाकर चल दिया। कुछ दूर चलकर फिर थक गया था। वह सुस्ताने के लिए रुक गया।

तब उसने कहा, "बेटे अब तुम्हें ज्ञान की दूसरी बात बताने जा रहा हूँ। इसमें धर्म शास्त्रों का ज्ञान समाया हुआ है। ज्ञान की दूसरी बात यह है कि अगर तुमसे कोई कहे कि गरीब आदमी का जीवन एक अमीर आदमी के मुकाबले ज्यादा आरामदायक होता है, तो इस पर कभी विश्वास मत करना। अब मैं तुम्हें तीसरी खास बात मंजिल पर पहुँचकर ही बताऊँगा। इसलिए जल्दी चलो, बहुत आराम कर चुके हो, जल्दी उठो।"

यह सुनकर नसीरुद्दीन बोला, ''महाशय, आपके ज्ञान-ध्यान की तीसरी बात मैं पहले से ही जानता हूँ। आप कद्दूओं का बोरा घर पहुँचाकर कहेंगे कि अक्लमंद आदमी बेवकूफ आदमी से कद्दूओं का बोझा बिना कुछ रुपए दिए मुफ्त में उठवा सकता है।''

नसीरुद्दीन के मुँह से यह बात सुनकर वह चौंक पड़ा, और वहीं ठहर गया। फिर नसीरुद्दीन ने कहा, ''महोदय, ज्ञान-ध्यान की बात अब मुझसे भी सुन लीजिए। मेरी एक बात ही आपकी अब तक की बताई सब ज्ञान-ध्यान की बात से ऊपर होगी। इसी में सभी धर्मों का निचोड़ समाया हुआ है। अगर आपसे कोई कहे कि ये कद्दू फूटे नहीं हैं तो आप उसके मुँह पर थूक दीजिए और उसकी बात पर विश्वास न करके उसको अपने घर से निकाल दीजिए। एक बात और, यह बात सुनकर कोई भी आदमी अपने होश-हवाश खो सकता है।''

यह कहते-कहते नसीरुद्दीन ने वह कद्दूओं का बोरा उठाया और सड़क के किनारे एक गड्ढे में फेंक दिया।

यह देखकर बोरे का मालिक चीख पड़ा, और ''हाय, में बर्बाद हो गया।'' कहकर रोने लगा। तब नसीरुद्दीन ने फिर कहा, ''अब आपने देख लिया होगा कि मेरी बात में कितनी सच्चाई है। हमेशा बुरा करने का फल बुरा ही होता है।''

गधे का कर

उन दिनों बुखारा में बड़ी अशान्ति फैली हुई थी। अमीर के संकेत पर बड़े-बड़े अधिकारी लूटमार तो करते ही थे, नगर में आनेवाले हर आदमी को परेशान भी करते थे और तरह-तरह के कर वसूलते थे।

ऐसे ही एक कर वसूलनेवाले के चक्कर में मुल्ला नसीरुद्दीन पड़ गया था। वह दस वर्ष बाद बुखारा लौटकर आ रहा था।

नगर में प्रवेश करते ही एक अधिकारी ने मुल्ला से पूछा, ''तुम कहाँ से आए हो?''

''हुजूर आला, ईरान से।'' मुल्ला ने बताया।

''क्यों?''

''यहाँ मेरे कुछ सम्बन्धी रहते हैं।''

''यहाँ का कर वसूलने का तरीका कुछ अलग ही था जो अपने सम्बन्धियों से मिलने आएगा एवं उनका भी कर जमा करेगा।'' अधिकारी ने कहा।

''लेकिन हुजूर मैं उनसे मिलूँगा नहीं, मैं तो एक आवश्यक कार्य से यहाँ आया हूँ।'' मुल्ला ने सफाई दी।

''काम से आए हो।'' तब तो अधिकारी की आँखों में और भी चमक आ गई थी। ''तब तो आपके अपने रिश्तेदारों के साथ-साथ जो जरूरी कार्य करना है उसका भी कर भरना पड़ेगा। इससे अलग अल्लाह के सम्मान में बनी मस्जिदों के लिए अतिया (चन्दा) भी देना होगा। जिसने रास्ते में तुम्हारी डाकुओं से रक्षा की।''

अब मुल्ला को बचने का कोई रास्ता नजर नहीं आ रहा था। मुल्ला ने अपना थैला पटका, खोला और तीनों कर अदा करके वह आगे बढ़ा। तब अधिकारी फिर चिल्लाया। ''ठहरो, तुम्हारे उस गधे का कर कौन अदा करेगा? अगर तुम अपने रिश्तेदारों से मिलने आए हो तो गधा भी अपने रिश्तेदारों से मिलेगा ही।'' अधिकारी ने मुल्ला के पटके थैले में बचे हुए कुछ सिक्के देख लिए थे।

''हुजूर, आपने ठीक ही फरमाया है। बुखारा में मेरे गधे रिश्तेदारों की संख्या बहुत अधिक है। वरना अब तक तो हमारे अमीर न जाने कब के तख्त से उतार दिए गए होते और तुम्हारे जैसे अधिकारी भी सूली पर चढ़ा दिए जाते।'' मुल्ला ने कहा। और इससे पहले का अधिकारी कुछ समझ पाता, मुल्ला अपने गधे पर सवार होकर सरपट गलियों में गायब हो गया। अधिकारी देखता रह गया।

नसीरुद्दीन का दर्द

अमीर के कर वसूलने वाले अधिकारियों से तथा जासूसों से बचता-छिपता छोटी-छोटी गलियों से घूमता हुआ नसीरुद्दीन अपने उस इलाके में पहुँचा, जहाँ उसका जन्म हुआ था। पला, पढ़ा और बड़ा हुआ था। साथ ही, अपने मित्रों के साथ खेला-कूदा था।

अपने जन्म स्थान पर मुल्ला बहुत समय के बाद अपनों के बीच रहने के लिए आया था। उसे अपने माँ-बाप एवं सभी रिश्तेदारों से बहुत प्यार था।

जब वह वहाँ पहुँचा जहाँ उसके पिता का घर था, उसे आश्चर्य था। भौंचक्का-सा चारों ओर देख रहा था। वहाँ तो दूर-दूर तक भी कोई इमारत नहीं थी। परिवार व दूर-दूर के रिश्तेदारों का भी कोई नामोनिशान नहीं था। पूरी तरह से वीरानगी थी।

कुछ देर बाद उधर से एक बुजुर्ग जा रहे थे। उन्होंने मुल्ला को गुमसुम और गम में डूबा हुआ देखा तो पूछ बैठे, ''क्यों भाई, तुम इस वीराने में खड़े-खड़े क्या सोच रहे हो, क्यों इतने दुःखी हो?''

''मैं सोच रहा हूँ कि जो आज यह जगह वीरान है क्या कभी चमन भी रही होगी?''

''हाँ, हाँ, क्यों नहीं, तुम्हारा यह सोचना सत्य है। आज से करीब नौ वर्ष पूर्व यहाँ चमन ही था।'' बुजुर्ग ने अतीत में झाँकते हुए कहा।

''कौन रहता था यहाँ?'' मुल्ला ने पूछा।

''यह एक लम्बी कहानी है। यहाँ जीनसाज शेर मुहम्मद रहता था। वह मशहूर खोजा नसीरुद्दीन का वालिद था। खोजा नसीरुद्दीन सबकी सहायता करता था। एक वतनपरस्त और ईमानदार आदमी जो गरीबों का मसीहा था, दीन-दुखियों का वफादार रहनुमा था।''

''कौन खोजा... ?''

''था एक वतनपरस्त और ईमानदार आदमी जो गरीबों का मसीहा, दीन-दुखियों का रहनुमा था।''

"ऐसे नेक इनसान पर ऐसा कहर क्यों ढाया गया, मेरे आका। उसने किसी का क्या बिगाड़ा था?"

उसने तो किसी का कुछ भी नहीं बिगाड़ा था। वह तो सबके लिए वही करता था जो सबके हित में था। लेकिन यहाँ के अमीर को यह पसन्द नहीं था, वह चाहता था यहाँ जितने लोग रहते हैं सब उसकी ही चमचागीरी करें। उसके अच्छे-बुरे आदेशों का आँख मीच कर पालन करें, उसके विरुद्ध कोई आवाज न उठाए। इसीलिए अमीर ने सब मकान गिरा दिए।

"हाँ! क्या किया अमीर ने?" मुल्ला ने भावुकता के साथ फिर पूछा।

"अमीर ने उसे खतरा समझकर बुखारा से निकाल दिया था।"

"क्या कहते हो...?"

"मैं ठीक कह रहा हूँ, 'खोजा' के जाने के अट्ठारह महीने बाद यहाँ सब जगह यह शोर मच गया कि 'खोजा' वेश बदलकर फिर बुखारा लौटकर आ गया है। यह खबर लगते ही अमीर ने चारों ओर अपने जासूसों को उसकी खोज करने के लिए भेजा। पर वह कहीं भी उसका पता नहीं लगा पाए। पता तो जब लगता अगर वह बुखारा में होता।"

"फिर..."

"अंत में खोजा के पिता से पूछताछ की गई वे कुछ भी नहीं बता पाए। उन्हें तो स्वयं ही इस बारे में कुछ नहीं पता था कि वह कहाँ है। तब अमीर ने उन्हें बहुत कष्ट देना शुरू किया। सब रिश्तेदारों को मरवा दिया। सारी सम्पत्ति लूट ली; सारे परिवार को खत्म कर दिया।"

अन्त में उसके पिता को भी मार डाला।

"हाय, इतनी बेरहमी दिखाई अमीर ने?"

"हाँ, इतनी बेरहमी दिखाई अमीर ने?"

"यह वीरानगी इसी बात का सबूत है। मुल्ला का घर ढहा दिया गया। उसके सब खेत-खलियान, बाग-बगीचे सभी उजाड़ दिए गए। जनता से कहा गया कि किसी ने मुल्ला का नाम भी लिया तो उसे अपनी जिन्दगी से हाथ धोना पड़ेगा।" बुजुर्ग तो यह कहकर चला गया।

बुजुर्ग के पीठ फेरते ही मुल्ला नसीरुद्दीन ने अपनी आँखें पोंछी, जिनसे टपटप आँसू गिर रहे थे।

फिर वह मन ही मन बुदबुदाया, "अमीर, तूने माता-पिता की हत्या करवाई है, मैं तुझे छोड़ूँगा नहीं। एक बार फिर बुखारा में तेरी सत्ता को हिलाकर रख दूँगा।"

नहले पर दहला

मुल्ला नसीरुद्दीन की थैली तो अमीर ने खाली करवा ली थी। पेट में तेज भूख लगी

थी, गर्मी के दिन थे, तेज धूप फैली हुई थी, दिन का तीसरा पहर था, एक पैसा भी पास नहीं।

सामने ढाबा दिखाई पड़ रहा था, जाने का मन था पर खाली जेब कैसे जाए, यह नहीं समझ पा रहा था, क्या करूँ।

अचानक दूर से घोड़ों के आने की आवाज आई, जब मुल्ला ने उधर देखा तो घबरा गया। वही अधिकारी, अपने सिपाहियों के साथ चला आ रहा था, जिसने वसूली के नाम पर मुल्ला की जेब खाली कराई थी और जिसे खरी-खोटी सुनाकर मुल्ला भाग लिया था तथा छोटी-छोटी गलियों में जाकर छिप गया था।

झटपट मुल्ला झाड़ियों के पीछे छिप गया। अधिकारी ढाबे के सामने रुका। घोड़े से उतरकर अन्दर चला गया।

दोनों सिपाही भी वहीं सड़क के किनारे घोड़े को बाँधकर उसके सामने घास डाल दी और भोजन करने के लिए ढाबे में चले गए। भोजन करने के पश्चात् वहीं सो गए।

इसी बीच एक बड़ा रईस उधर आया। उसे घोड़े की जरूरत थी, अच्छी नस्ल का घोड़ा देखा, उसे पसन्द आया। उसने पास ही खड़े मुल्ला से पूछा, "क्या घोड़ा बिकाऊ है?"

पहले तो मुल्ला चौंका, फिर स्थिर होकर बोला "दुनिया में कोई ऐसा घोड़ा नहीं जो बिकाऊ न हो।"

रईस बोला, "मेरे पास 'तीन सौ रुपए हैं। क्या तुम इसके बदले यह घोड़ा मुझे दे सकते हो?"

"हाँ, क्यों नहीं।" कहते हुए मुल्ला ने 'तीन सौ रुपयों' की थैली ले ली और अपने गधे पर सवार होकर चल दिया।

आगे चलकर मुल्ला ने पीछे मुड़कर देखा, तो कर अधिकारी और वह रईस दोनों आपस में गुथे एक दूसरे की दाढ़ी खींच रहे हैं। क्योंकि इसी बीच अधिकारी की आँख खुल गई और उस रईस को अपना घोड़ा खोलते हुए रंगे हाथ पकड़ लिया।

अब मुल्ला ने भी अपने गधे में जोर से एड़ लगाई और एक बार फिर गलियों में गुम हो गया। अब उसे कोई चिन्ता नहीं थी क्योंकि उसने कर अधिकारी के नहले पर दहला लगा दिया था। 'जैसी करनी वैसी भरनी'।

मुल्ला की दरियादिली

मुल्ला के पास तीन सौ रुपए थे। तेज भूख लगी थी। वह अपनी भूख मिटाने के लिए एक नानबाई की दुकान में गया और अपनी भूख मिटाई। शेष रुपयों से जुआ खेला। वह जुए में बाजी पर बाजी जीतता ही गया। जीत का सब माल लेकर मुल्ला वहाँ से चल दिया।

रास्ते में उसने देखा कुछ लोग बहुत परेशान एवं उदास बैठे हुए हैं। पूछताछ करने पर पता लगा कि ये लोग भी बुखारा के सूदखोर जाफर के सताए हुए हैं।

क्योंकि जाफर ने इन्हें सूचना भिजवाई थी कि यदि 'चौबीस घंटे' में उसका कर्ज अदा नहीं किया गया तो वह उन्हें बेघर कर देगा।

उन लोगों की दुःखभरी करुणगाथा सुनकर मुल्ला का दिल पसीज गया। उसने जुए की जीती हुई सारी धनराशि उनमें जरूरत के मुताबिक बाँट दी। ताकि वह सूदखोर से छुटकारा पा सके।

अब मुल्ला का निशाना सूदखोर पर था। उसने सूदखोर को सबक सिखाने का निर्णय लिया और चल दिया उस ओर।

अच्छे काम करने का अच्छा ही फल मिलता है।

मुल्ला की मात

अपने गधे पर सवार मुल्ला नसीरुद्दीन उस सूदखोर की तलाश में इधर-उधर घूम ही रहा था, तभी गधा अचानक एक तालाब के पास जाकर रुक गया।

तालाब के किनारे बहुत लोगों की भीड़ थी। तालाब में डूबते हुए एक आदमी को बचाने के लिए सब लोग शोर मचा रहे थे, पर बचा कोई भी नहीं रहा था।

ताज्जुब की बात थी कि कोई भी तालाब में कूदकर या अन्य किसी प्रकार से उसे बचाने की कोशिश नहीं कर रहा था। दूर से ही हाथ दिखा-दिखाकर बचाने का खाली दिखावा कर रहे थे।

नसीरुद्दीन ने हाथ बढ़ाकर उस डूबते हुए व्यक्ति को बचा लिया। बाहर आने पर उस व्यक्ति ने एक रुपया उसे देना चाहा और कहा—"लो यह तुम्हारी शराफत का इनाम है। एक प्लेट पुलाव खा लेना।"

लेकिन मुल्ला ने उसकी बात पर ध्यान दिए बिना ही अपने गधे की तरफ बढ़ गया।

वहाँ एक लुहार खड़ा हुआ मुल्ला का इन्तजार कर रहा था। वह बदले हुए वेश में मुल्ला को अच्छी तरह पहचान नहीं पा रहा था। लुहार ने कठोर नजरों से मुल्ला को देखते हुए पूछा, "क्या तुम जानते हो कि तुमने किसके प्राण बचाए हो?"

"नहीं, मुझे यह जानने की जरूरत भी नहीं। मैंने तो मानवता के नाते उसे बचाया था। वैसे वह कौन है?"

"वह दुनिया का सबसे बुरा इनसान है। वह बहुत इनसानों का खून पी चुका है। बुखारा का हर तीसरा इनसान उसके अत्याचारों का शिकार है। वह ही सूदखोर जाफर है।"

यह सुनते ही मुल्ला ने अपने दोनों हाथों से माथा ठोक लिया। लेकिन अब क्या हो सकता था। फिर उसने लुहार से कहा, "वास्तव में मुझसे बहुत बड़ी गलती हो गई है। पर तुम बिलकुल भी चिन्ता मत करो, मैं जल्दी ही इस जाफर को फिर से तालाब में डुबो दूँगा। मैं यह कसम खाता हूँ। यह मुल्ला नसीरुद्दीन का वादा रहा।"

जल्दबाजी में मुल्ला के मुँह से अपना नाम निकल गया।

यह जानकर यह मुल्ला नसीरुद्दीन है, लुहार ने फौरन ही उसकी ओर दोस्ती का हाथ बढ़ा दिया। लुहार ने बताया कि मैं खुद भी जाफर और अमीर का सताया हुआ हूँ। जाफर से मैंने भी कभी कर्ज लिया जिसका कई गुना ब्याज दे चुका हूँ, पर अभी तक भी उससे छुटकारा नहीं मिल पाया है।

लुहार ने यह भी बताया कि उसके यहाँ एक माह पूर्व बीस सिपाही भेजे थे कि उनके रहने एवं खाने-पीने की व्यवस्था पन्द्रह दिनों के लिए करनी थी। पर एक महीना हो गया, वह सब सिपाही आज तक उसके घर डेरा डाले पड़े हैं। अब वह अमीर के पास उसकी शिकायत लेकर जा रहा है, जिससे कि अमीर जल्दी ही उन्हें बुला ले।

यह जानकर मुल्ला भी लुहार के साथ चल पड़ा। वह अमीर के रंग-ढंग देखकर अपनी आगे की योजना बनाना चाहता था।

आपसी लड़ाई में

बुखारा में ही एक परिवार के दो भाइयों के बीच कुछ पारिवारिक कलह चल रहा था। वह दोनों भाई कई दिनों से न्यायपूर्ण बँटवारे के लिए अमीर के दरवाजे पर पड़े थे।

पिता की मृत्यु के पश्चात् जमीन बेचकर उसका बँटवारा तो हो चुका था। पर एक बकरा बच रहा था, उसी के बीच ज्यादा विवाद खड़ा हो गया।

दोनों बेवकूफ तो थे ही ऐसी स्थिति का दूसरे लोग बहुत फायदा उठाते हैं। उधर से दो सिद्ध पुरुष आ निकले, उन्होंने दोनों के लिए अल्लाह से दुआ माँगने के नाम पर बहुत बड़ी रकम निकलवा ली।

सिद्ध पुरुष भगवान से दुआ माँगने का ढोंग करते रहे, इधर दोनों भाई बकरे के लिए युद्ध करते रहे।

बकरा भूख के कारण तड़प रहा था। अपने लकड़ी के खूँटे को चबा रहा था। उसके मुँह से खून आ रहा था साथ ही चिल्ला भी रहा था। एक भाई ने खाने के लिए हरी घास डाली तो उसकी आँखों में जरा तरावट आई। अभी बकरा उसकी तरफ मुँह बढ़ा ही रहा था कि दूसरे भाई ने घास को बदबूदार कहकर उसमें लात मार दी और बकरे के सामने सूखी भूसी रख दी।

अब दूसरे भाई की बारी आई तो उसने कहा, "मेरा बकरा सूखी भूसी नहीं खाता है, हरी घास खाता है।" उसने भूसी को भी लात से मारकर फेंक दिया।

अब तो दोनों भाइयों में हाथापाई शुरू हो गई। बकरे की तरफ किसी का ध्यान ही नहीं था। जब लड़ते-लड़ते थककर बैठे तब देखा कि बकरा तो मरा पड़ा है।

दूर खड़ा हुआ मुल्ला नसीरुद्दीन यह सब देख रहा था। अब पास आकर बोला, "अरे बेवकूफों तुम लोगों ने लड़ाई करके अपना धन भी खोया और बकरा भी। अब किसलिए लड़ रहे हो?"

यह सुनते ही दोनों भाई पागलों की तरह से एक दूसरे को देख रहे थे। पर अभी शान्ति नहीं हुई। सामने पड़े बकरे के चमड़े की लड़ाई अभी भी बाकी रह गई थी।

अब एक भाई चमड़ा लेना चाहता था, दूसरा भाई उसे रोक रहा था।

इसी समय अमीर का दरबार खुला। दोनों को सन्तरी ने आवाज दी। दोनों भाई दरबार में हाजिर हुए।

दरबार में दोनों भाइयों के पहुँचते ही प्रधानमंत्री बख्तियार ने पूछा, " तुम्हारी शिकायत क्या है?"

दोनों भाइयों ने बारी-बारी से अपनी शिकायतें सुनाईं। अन्त में कहा, "हम यह तय नहीं कर पा रहे हैं कि बकरे की खाल हम दोनों में से कौन ले।"

प्रधानमंत्री ने अमीर की ओर देखा, मानो उससे फैसला जानना चाहता हो, पर अमीर तो अपनी पिनक में झूम रहा था, उसमें हिम्मत कहाँ जो मुँह से शब्द निकल सके। उसने तो एक बार जोर से जम्हाई ली और गर्दन लुढ़क गई, आँख तो पहले से ही नहीं खुल रही थी।

अब तो प्रधानमंत्री को अच्छा अवसर मिल गया। बड़े अदब के साथ सिर झुकाया, "मालिक फैसला तो आपके चेहरे से साफ झलक रहा है।" कहकर खुश हो गया।

फिर दोनों भाइयों की ओर मुखातिब हुआ और बोला, "गौर से सुनो, अमीर का फैसला है कि बकरा खुदा को प्यारा हो चुका है तो उसका चमड़ा खुदा के बन्दे अमीर के पास ही रहना चाहिए। इस बकरे का चमड़ा साफ करवाकर शाही खजाने में जमा कर दिया जाए।" यह फैसला सुनकर दोनों भाई एक दूसरे का मुँह देखते रह गए।

प्रधानमंत्री फिर ऊँची आवाज में आदेश दिया, "इसके अलावा तुम लोगों को दो सौ रुपए न्याय शुल्क, सौ रुपया महल कर, पचास रुपये मुहर्रर का महनताना देना होगा। इसके साथ-साथ मस्जिदों का भी चन्दा देना आवश्यक है।"

प्रधानमंत्री का आदेश सुनते-सुनते दोनों भाई बेचैन हो उठे, इतनी जोर-जोर से रो रहे थे कि प्रधानमंत्री की आवाज गूँज उठी, "यह सारा धन नकदी, कपड़ों और जायदाद के रूप में जल्दी ही जमा हो जाना चाहिए।"

बाहर आकर दोनों भाई रोते हुए ही फैसले के बारे में मुल्ला नसीरुद्दीन को बताया। उसने तसल्ली देते हुए व्यंग्यपूर्वक कहा, "देख लिया न अपने अमीर का न्याय। सभी जानते हैं कि हमारा अमीर दुनिया में सबसे ज्यादा दयावान, विद्वान और महान है। अब तुम जल्दी भाग जाओ, नहीं तो सिपाही आकर अपना हिस्सा माँगना शुरू कर देंगे।"

दोनों भाई बिलखते हुए बोले, " इससे तो यही बेहतर था कि बकरे के साथ-साथ हम दोनों भी मर जाते, तब स्वर्ग में तो चैन से रह सकते थे।"

मुल्ला ने कहा, "क्या तुम यह समझते हो कि स्वर्ग में तुम्हारे जैसे बेवकूफों की कमी है? यहाँ भी मूर्ख भरे पड़े हैं और वहाँ भी मूर्खों की कोई कमी नहीं है। इसलिए मेरी बात मानकर यहाँ से नौ दो ग्यारह हो जाओ, क्योंकि सामनेवाला सिपाही तुम्हारी ओर ही चला आ रहा है।"

अमीर के न्याय पर गधे का गीत

मुल्ला नसीरुद्दीन अभी वहीं खड़े हैं देखते हैं कि सूदखोर जाफर, नियाज कुम्हार को पकड़े हुए, अमीर के दरबार की ओर चला आ रहा है। जाफर को देखते फरियाद लेकर आई भीड़ तो इधर-उधर हो गई तथा जाफर और कुम्हार दरबार में हाजिर हो गए।

प्रधानमंत्री ने जाफर को देखते ही पूछा, ''कहो जाफर मियाँ यहाँ आने का कष्ट कैसे किया?''

जाफर ने अमीर की मुखातिब होकर कहा, हुजूर! मैं न्याय माँगने आया हूँ। मैंने एक वर्ष पहले नियाज कुम्हार को एक सौ रुपये दिए थे। एक वर्ष पूरा हो जाने पर भी उसने अभी तक मूल नहीं लौटाया है और न सूद ही। इसके ऊपर अब तीन सौ रुपये ब्याज के भी चढ़ गए हैं। वायदे के मुताबिक इसे आज सुबह तक पूरा कर्ज अदा कर देना चाहिए था। लेकिन इसने अभी तक, कुछ भी नहीं लौटाया है। ऐ मेरे आका मेरे साथ न्याय कीजिए।

प्रधानमंत्री ने कुम्हार से पूछा, ''कुम्हार, अमीर-ए-आजम को सच-सच बताओ कि क्या तुमने सूदखोर जाफर से सौ रुपये उधार लिए थे, जिनका तुमने आज तक सूद या मूल रुपया कुछ भी नहीं लौटाया है।''

कुम्हार हाथ जोड़कर गिड़गिड़ाते हुए बोला, '' जाफर ने जो कुछ भी कहा मैं मानता हूँ, लेकिन मेरी विनती है कि कर्ज लौटाने के लिए मुझे एक महीने की मुहल्लत दी जाए।''

प्रधानमंत्री बख्तियार ने अमीर की तरफ देखते हुए कहा, ''हे न्याय प्रिय! अमीर, मुझको इजाजत दीजिए जो मैंने अभी-अभी आपके चेहरे पर पढ़ा है।''

प्रधानमंत्री ने कुम्हार से कहा, ''बुखारा का कानून यह कहता है कि जो आदमी समय पर कर्ज अदा नहीं करता वह पूरे परिवार के साथ कर्जदार का गुलाम बन जाता है। इसलिए अमीर का फैसला है कि तुम्हें जाफर की तब तक गुलामी करनी होगी जब तक उसका पूरा पैसा नहीं लौटाओगे। इसके बाद भी एक घंटे का समय दे रहा हूँ अगर इस बीच किसी भी तरह तुम सूदखोर का पूरा रुपया लौटा दो तो तुम्हें उसकी गुलामी नहीं करनी पड़ेगी।

जब यह फैसला सुना तो कुम्हार थर्र-थर्र काँपने लगा, सिर नीचे झुक गया। बाहर जितनी भीड़ थी सब में सन्नाटा छा गया। किसी को भी यह न्याय ठीक नहीं लगा। सभी दुःखी उदास एक दूसरे का मुँह देख रहे थे। मुँह खोलने की किसी की हिम्मत नहीं थी। कुम्हार तो पत्थर के समान हो गया था, लगता था अभी गिर कर इसके प्राण पखेरू उड़ जाएँगे।

अचानक मुल्ला नसीरुद्दीन का गधा इतने जोर से रोया कि सारे वातावरण की शांति भंग हो गई। दरबार में अमीर की नींद भी टूट गई, वह भी चौंककर उठा चारों ओर आँखें फाड़-फाड़ कर देख रहा था, पर कुछ दिखाई नहीं दिया।

मुल्ला नसीरुद्दीन ने अपने गधे को अपनी ओर खींचा और घसीटता हुआ चला। वह उसको बुरा भला गाली देता चला जा रहा था,''अबे गधे मेरे साथ रहकर भी गधा ही रहा। पर आज तू इतना खुश क्यों हुआ, क्या तू भी अमीर की चापलूसी में गीत गा रहा है।''

मुल्ला की इस बात से वहाँ का सारा वातावरण बदल गया, सब खूब दिल खोलकर हँसे। सब लोग मुल्ला और उसके गधे का रास्ता खाली करते जा रहे थे। जब तक सिपाही मुल्ला को पकड़ पाते, मुल्ला ने अपने गधे पर बैठकर ऐसी दौड़ लगाई कहाँ गायब हो गया पता ही नहीं चला।

जाफर का नया प्रस्ताव

अमीर के दरबार से निकलकर जाफर ने कुम्हार को रोक लिया। उसने कुम्हार से कहा– ''मैं तुम्हारी बेटी के हुस्न का दीवाना हो गया हूँ, अगर तुम अपनी बेटी गुलजान की शादी अभी कर दो, तो मैं तुम्हारा सारा कर्ज माफ कर दूँगा। अगर तुमने मेरी यह बात न मानी तो एक घंटे बाद तुम मेरे गुलाम हो जाओगे और तुम्हारी बेटी मेरी रखैल।''

मुल्ला नसीरुद्दीन पेड़ों के पीछे खड़ा हुआ सब बातें सुन रहा था, उसके दिमाग में न जाने कौन-सी योजना जन्म ले रही थी। उसने कहा एक घंटा तो मुल्ला के लिए बहुत बड़ा है इतनी देर में तो सारी दुनिया में उथल-पुथल मच सकती है।

तभी सूदखोर जाफर भी पहुँचा और कुम्हार से कहा, '' तुम अपने घर जाकर मेरा इन्तजार करो मैं ठीक एक घंटे बाद ही तुम्हारे घर आऊँगा।''

यह कह कर सूदखोर के मन में खुशी का अन्त नहीं था, वह खुशी के लड्डू खाता हुआ कहीं चला गया।

जाफर के हटते ही मुल्ला नसीरुद्दीन कुम्हार के पास पहुँचा और बोला, '' कुम्हार भाई मैं तुम्हारा मामला अच्छी तरह समझ चुका हूँ। मेरे ऊपर भरोसा रखना। मैं एक घंटे में तुम्हारी मदद का कोई-न-कोई रास्ता निकालकर ही रहूँगा। तुम अपने घर पहुँचकर मेरा इन्तजार करो।''

कुम्हार की रसीद

मुल्ला नसीरुद्दीन कुम्हार की परेशानी को देखकर बहुत दुःखी था। उसने कुम्हार से कहा तुम बेफिक्र रहो, मैं तुम्हें जाफर से मुक्ति दिलाऊँगा। ऐसा कह कर खुद को उसका काम करने जुट गया।

बाजार में पहुँचकर मुल्ला ने कुम्हार के दुःख को कुछ इस तरह से कहा कि वहाँ के सब लोग कुम्हार के लिए कुछ-न-कुछ देने को तैयार हो गए। गरीब लोग थे रुपये तो उनके पास थे नहीं। उन्होंने छोटे-छोटे समान के रूप में दान दिया। पर मुल्ला का

तो सामान से काम चलने वाला था नहीं उसको तो चाहिए थे पूरे चार सौ रुपये। अब मुल्ला उस समान को बेचने का प्रयास करने लगा।

अचानक इधर जाफर आ रहा था। मुल्ला को देखकर पहचान लिया, और बोला, "आप तो वही हैं जिन्होंने कल मेरी जान बचाई थी।" आज इतना समान कहाँ से आ गया, कोई व्यापार शुरू कर रहे हो क्या?

मुल्ला ने शिष्टतापूर्वक जाफर से कहा, "महोदय, जो कल आपने एक रुपया दिया था उसी से व्यापार शुरू कर रहा हूँ।"

अच्छा, तो तुम्हारा यह व्यापार मेरे कारण ही शुरू हो रहा है, चलो बताओ इस सब समान की क्या कीमत है। मुल्ला सारे सामानों को उलट-पुलट के बहुत ध्यानपूर्वक देखता रहा। कुछ देर सोचने के बाद बोला,"इस समान के छः सौ रुपये बनते हैं। पर मोल-भाव होते-होते चार सौ में सौदा पट गया।"

जाफर ने सारा माल एक मजदूर से उठवाया और चल दिया। मुल्ला भी उसके आगे-आगे जा रहा था, "हमारी और तुम्हारी मंजिल एक ही है, मुल्ला ने कहा।"

लेकिन जाफर बोला, "तुम्हें मेरी मंजिल का क्या पता। अगर तुम्हें पता होता तो मुझसे ईर्ष्या करने लगते।

मुल्ला बोला, "अगर तुम्हें मेरी मंजिल का पता होता तो तुम मुझसे दस गुना ज्यादा ईर्ष्या करते।"

दोनों एक-दूसरे को नीचा दिखाने का वार्तालाप करते-करते कुम्हार के घर पहुँच गए।

"समय का बन्धन खत्म होने ही वाला है, तुम मेरे गुलाम और तुम्हारी बेटी मेरी रखैल होगी।" जाफर ने कुम्हार से कहते-कहते बेटी के नकाब की ओर हाथ बढ़ाया।

मुल्ला वहीं खड़ा था, जाफर को रोकते हुए बोला, "हुजूर, ठहरिए। गुलजान अभी आपकी नहीं हुई है। क्या आपके पास कुम्हार की रसीद है?"

"यह देखो, पक्की रसीद है। कर्ज अदा करने की तारीख एवं ब्याज की रकम साफ-साफ लिखी है। अभी कुम्हार इस पर अपना अँगूठा भी लगाए देता है।"

"हाँ रसीद तो बिलकुल ठीक है, अब तुम रसीद के हिसाब से ही अपने रुपये गिन लो।" यह कहते हुए मुल्ला ने चार सौ रुपये जाफर के हाथ पर रख दिए, और राहगीरों को गवाही के लिए रोक लिया। अब जाफर का चेहरा देखने लायक था। वह भौंचक्का-सा खड़ा रह गया।

भूकम्प का करिश्मा

एक दिन मुल्ला नसीरुद्दीन बाजार से घर की तरफ आ रहा था कि रास्ते में सड़क के किनारे मस्जिद के पास एक व्यक्ति जो दस वर्ष से लकवे से पीड़ित था, देखने में बिलकुल बुढ़ा एवं बीमार जैसा लग रहा था। एक दूसरा आदमी उसके साथ था, जो

चारों ओर घूम-घूम कर लोगों को इकट्ठा करने का प्रयास कर रहा था और कह रहा था कि इसके परिवार के लोग वैद्य, हकीम एवं डॉक्टरों का खूब इलाज करवा चुके हैं। पर कहीं भी कोई आशा की किरण नजर नहीं आई। अब यहाँ लेकर आए हैं कि आज लासानी वहाउद्दीन पाक वली के उर्स में उनके रहमोकरम से यह भला चंगा हो जाए।

मुल्ला नसीरुद्दीन दूर खड़ा होकर यह सब तमाशा देख रहा था। अचानक उसकी नजर मस्जिद के अन्दर सफेद दाढ़ी वाले बूढ़े मुल्ला जी पर पड़ी। वह कह रहा था कि, ''आज के दिन पाक वहाउद्दीन वली खुदा के हम नाचीज बन्दों को करिश्मा कर दिखाने की ताकत देते हैं। हम आशा करते हैं रोगी लासानी वहाउद्दीन वली के रहमोकरम से यहाँ आने वाले सभी रोगी ठीक होकर जाएँगे। इसलिए आप सब लोग दिल खोलकर मस्जिदों के लिए दान दीजिए। वह अल्लाह आपकी दानशीलता से बहुत खुश होगा।''

यह कहने के साथ-साथ उसके निकट एक मुल्ला और खड़ा था। उससे कहा, ''जाओ, और अन्धे आदमी को मेरे पास लाओ।''

मस्जिद के पास ही मिट्टी से बनी एक टूटी-फूटी कोठरी बनी थी। उसमें कई अंधे, लूले-लंगड़े, लाचार एवं बीमार लोग थे। मुल्ला गया और वहीं से एक अन्धे को ले आया।

उस अन्धे ने आकर बड़े मुल्ला के पैरों में सिर रख दिया। बड़े मुल्ला ने बहुत प्यार से उसके ऊपर हाथ फेरा वह फौरन ठीक हो गया। वह जोर-जोर से चिल्लाने लगा, ''अब मैं देख सकता हूँ, ऐ! पाक वहाउद्दीन वली, तेरे रहमोकरम से मैं बिलकुल ठीक हो गया हूँ, तू तो बहुत बड़ा रहीम-करीम है।''

इसके बाद बड़े मुल्ला के इशारे पर कुछ छोटे मुल्ला ताँबे का थाल लेकर माँगने के लिए आगे बढ़े। सभी लोगों ने अपनी सामर्थ्य के अनुसार अशर्फियाँ, चाँदी के सिक्के, ताँबे के सिक्के डालने शुरू कर दिए। कुछ अन्य समान भी।

तभी एक मुल्ला, मुल्ला नसीरुद्दीन के पास आकर बोला, ''दिल खोलकर खैरात दीजिए, अल्लाह तुम्हारे काम में बरकत देगा। तुमने अभी-अभी अल्लाह का करिश्मा देख ही लिया है।''

मुल्ला नसीरुद्दीन वहाँ का खेल समझ चुका था। वह बोला, ''मैं तो इतना बड़ा करिश्मा दिखा सकता हूँ आप सब आश्चर्य में पड़ जाएँगे।'' यह कहते-कहते नसीरुद्दीन उस टूटी-फूटी कोठरी की ओर गया। उसकी एक दीवार में अपने कन्धे का धक्का लगाया, जिससे छत की चारों ओर की दीवारों की मिट्टी झड़ने लगी। फिर वह जोर से चीखा ''भूकंप आया, भूकंप आया! भागो, भागो भूकंप आया।''

फिर क्या था, कोठरी में भगदड़ मच गई, अंधे,लंगड़े-लूले, बीमार, लाचार वे सब लोग जो दस वर्ष से लकवे से पीड़ित थे, भागने लगे।

यह करिश्मा देखते ही भीड़ में शोर मच गया। सभी लोग ढोंगी मुल्लाओं पर टूट पड़े। ताँबे की थाल में जो अब तक रकम इकट्ठी की थी वह भी सब लूट ली गई।

हाँ, अब तक तो मुल्ला नसीरुद्दीन बदले हुए भेष में था, उसको कोई नहीं जानता

था। अब सब को शक हो गया कि इस तरह का काम मुल्ला नसीरुद्दीन के सिवा दूसरा कोई नहीं कर सकता। गरीब जनता में उत्साह बढ़ गया था कि उनका मसीहा नसीरुद्दीन उनके पास आ गया है। वहीं मुल्ला के लिए खतरा भी बढ़ गया।

मुल्ला पर इनाम

अमीर के दरबार में मुल्ला नसीरुद्दीन की वापसी की खबर पहुँच गई।

अमीर ने अपने दरबारियों को बहुत फटकारा कि इतनी चौकसी के बावजूद भी मुल्ला नसीरुद्दीन बुखारा में कैसे घुस आया।

दरबारी एक-दूसरे के मुँह देखने लगे और दोष निकालने लगे।

अन्त में अमीर ने आदेश निकाला कि जो मुल्ला नसीरुद्दीन को पकड़ेगा उसे 3000 रुपये दिए जाएँगे और वह जब तक नहीं पकड़ा जाएगा तब तक किसी को भी वेतन नहीं मिलेगा।

अमीर ने नगर में ढिंढोरा पिटवा दिया कि मुल्ला नसीरुद्दीन को अमीर का दुश्मन घोषित किया जाता है। उसे पनाह देने वाले को सजा-ए-मौत दी जाएगी। लेकिन जो उसे पकड़वाएगा उसे 3000 रुपये इनाम में दिए जाएँगे। साथ ही जासूस-ए-खास का रुतबा भी मिलेगा और मेरे दरबार में सम्मानित किया जाएगा।

गुलजान का अपहरण

जब से नसीरुद्दीन ने जाफर के चंगुल से उसकी बेटी को बचाया था, तब से कुम्हार मुल्ला का सम्मान करता था और उसका घर में आना-जाना भी बढ़ गया था।

मुल्ला नसीरुद्दीन भी कुम्हार की बेटी के सौन्दर्य पर मर मिटा था। कुम्हार की बेटी भी मुल्ला को चाहती थी। अब मुल्ला कुम्हार के कार्य में सहायता करने लगा।

मुल्ला नसीरुद्दीन और गुलजान आपस में एक दूसरे से मिलने लगे थे। एक दिन जाफर ने दोनों को साथ-साथ देख लिया।

मुल्ला को पकड़वाने के लिए 3000 रुपये इनाम वाली बात याद आई और अमीर के पास सूचना देने पहुँच गया। साथ ही गुलजान की सुन्दरता का बखान भी कर दिया। अमीर तो सुन्दरता की बात सुनकर अपने हरम में रखने के लिए पागल हो गया।

मुल्ला नसीरुद्दीन को पकड़ने का अच्छा अवसर मिल रहा है जानकर अपने कुछ सिपाही मँगा दिए।

मुल्ला को तो किसी प्रकार सिपाहियों के आने का समाचार मिल गया था वह तो वहाँ से नौ-दो-ग्यारह हो गया। उसे तो कोई नहीं पकड़ सका, उनकी पकड़ में आ गई कुम्हार की बेटी गुलजान, उसे ही उठाकर ले गए।

मुल्ला की दाल नहीं गली

जब से गुलजान का अपहरण हुआ था मुल्ला और कुम्हार बहुत दुःखी रहते थे। मुल्ला कुम्हार को धीरज बँधा देता कि वह गुलजान को जल्दी ही अमीर के हरम से वापस ले आएगा।

मुल्ला ढाबे वाले मित्र अली के पास गया वहाँ उसने स्त्री का भेष बनाया और अमीर के महल की ओर चल दिया। मित्र ने बहुत मना किया पर मुल्ला ने एक नहीं सुनी।

शाही महल के पास पहुँच तो गया पर वहाँ बहुत सारे पहरेदार थे। एक पहरेदार से कहा, ''मैं हरम की रानियों के लिए बहुत बढ़िया इत्र लाया हूँ उन्हें भेंट करना चाहती हूँ। मुझे महल में जाने की इजाजत दें।''

''तू कौन है? मैं नहीं जानता, अमीर के हरम में कोई ऐरी-गैरी औरत नहीं जा सकती। चल भाग जा यहाँ से, नहीं तो पकड़ी जाएगी।'' एक पहरेदार ने मुल्ला को डाँटते हुए कहा।

पहरेदार की घुड़की सुनकर मुल्ला ने समझ लिया कि यहाँ कोई डरने वाला नहीं है। वह खुद ही डर के भाग लिया।

नजूमी का भंडाफोड़

मुल्ला अमीर के यहाँ से जब लौट रहा था, उसने देखा कि एक जगह बहुत भीड़ लगी है, वहाँ भी वह पहुँचा। देखा एक नजूमी (ज्योतिषी) अपना आसन जमाए बैठा है। सभी लोग अपना भविष्य जानने, अपनी समस्याएँ सुलझाने के लिए बेताब नजर आ रहे थे। वह भी लोगों को उल्टा-सीधा भविष्य बताकर खूब धन इकट्ठा कर रहा था।

नजूमी को सबक सिखाने के लिए मुल्ला नसीरुद्दीन औरत के वेश में ही वहाँ जा पहुँचा। नजूमी ने अपने बिछाए हुए कपड़े पर मनके फेंके और एक फटी-पुरानी पुस्तक के पन्ने को उलटने लगा। फिर बोला, ''तुम पर खुदा की मार है औरत, तेरे सिर पर मौत घूम रही है। एक युक्ति बता दूँ अगर मौत से बचना चाहती है तो, ''मुल्ला नसीरुद्दीन का पता लगा ले तो मौत का साया हट सकता है।''

''अच्छा, मैं मुल्ला नसीरुद्दीन को तुम्हारे पास ले आऊँगी'', नारी वेश में मुल्ला नसीरुद्दीन बोला।

''कब तक?''

''जल्दी ही, वैसे यहीं आस-पास ही है, तुम्हारी आँखों के सामने भी हो सकता है।''

''कहाँ, मुझे तो दिखाई नहीं दे रहा है।''

''फिर तुम नजूमी होने का नाटक क्यों कर रहे हो? क्या तुम ग्रहों की चाल देखकर यह नहीं जान सकते कि वह कहीं तुम्हारे पास में है।''

यह देख मुल्ला नसीरुद्दीन उसके सामने आ गया। फटाफट अपना नकाब उतारकर अलग रख दिया और बोला, "मुझसे क्या पूछता है? तू झूठा है, अमीर का जासूस है, तू नजूमी नहीं है, इस गाँव के लोगों को नजूमी बनकर धोखा दे रहा है।"

गाँव के लोग दोनों की वार्ता सुन ही रहे थे, तभी वे नजूमी पर टूट पड़े। सारे बाजार में शोर मच गया कि मुल्ला नसीरुद्दीन औरत के वेश में नजूमी वेशधारी जासूस का भंडाफोड़ कर चुका है। सब सिपाही मुल्ला के पीछे दौड़ पड़े। लेकिन मुल्ला तो उनके हाथ नहीं आया। वह तो उन छोटी-छोटी गलियों में गायब हो चुका था।

सिपाहियों ने मुल्ला की तलाश में अन्य औरतों के भी बुर्के फाड़ने शुरू कर दिए। उन्हें तो इस समय हर औरत मुल्ला नसीरुद्दीन ही नजर आ रही थी। सारे शहर में हाहाकार मच गया। आमिर के सिपाही पागल होकर सब औरतों के बुर्के फाड़ रहे हैं।

मौलाना हुसैन से भेंट

मुल्ला भागा जा रहा था। अचानक रास्ते में उसे एक बूढ़े की काँपती हुई आवाज सुनाई दी, वह कह रहा था, "मुझे जाने दो भाई, परेशान मत करो।"

उसके कानों में यह आवाज आते ही उसके कान खड़े हो गए। मुल्ला ने उसे ध्यान से देखा, वह अरबी लग रहा था। उसकी पगड़ी पर एक खास चिह्न थाउसे देखते ही मुल्ला जान गया था कि यह आलिम (विद्वान) है।

मुल्ला हाथ पकड़कर बहुत प्यार के साथ आलिम को भीड़ से बाहर निकाल कर लाया। फिर आलिम ने मुल्ला से पूछा कि इस शहर में अफरातफरी क्यों मची है।

मुल्ला ने कहा, "यह बाजार की गहमागहमी है बुजुर्गवार।"

क्या बुखारा में हमेशा ऐसा ही होता है, फिर मैं अमीर के महल तक कैसे पहुँच पाऊँगा, बड़ा कठिन लग रहा है।

'महल' शब्द सुनते ही मुल्ला चौंक गया सतर्क होकर बोला, बुजुर्गवार अमीर से मिलना कोई हँसी खेल नहीं है कम-से-कम दो दिन इन्तजार करना पड़ेगा।

"लेकिन मेरा तो वहाँ इन्तजार हो रहा होगा।"

"अरे भाई, बताओ अमीर आपका इन्तजार क्यों करेगा? क्या आप नहीं जानते कि हमारे अमीर किसी का इन्तजार नहीं करते, बल्कि दूसरों को ही उनका इन्तजार करना पड़ता है।"

"तुम्हें पता है कि मैं बगदाद से अमीर के निमंत्रण पर यहाँ आया हूँ। मैं मशहूर आलिम, ज्योतिपी तथा हकीम हूँ।"

यह जानकर मुल्ला के स्वर में सम्मान बढ़ गया। उसने कहा, "आपका शुभ नाम क्या है"

"मौलाना हुसैन"।

अब तो मुल्ला की खुशी का ठिकाना नहीं रहा, धीरे-धीरे बातों ही बातों में उससे बहुत कुछ जान लिया। बहुत देर तक उससे बातें करता रहा।

मुल्ला की नई चाल

आलिम के बगदाद में आने के बाद से मुल्ला नसीरुद्दीन के मस्तिष्क में एक नई रूपरेखा बनने लगी। वह किसी तरह अमीर की हरम में पहुँचकर अपनी गुलजान को आजाद कराना चाहता था। इसी कारण मुल्ला ने मौलाना हुसैन से दोस्ती का हाथ बढ़ाया था। अमीर के बारे में चर्चा करते-करते मुल्ला ने कहा, ''बुजुर्गवार लगता है अब आपकी बर्बादी निश्चित है और आपका बचना मुश्किल है। शहर में जो अफरातफरी मची है यह आपके कारण ही हो रही है। हमारे अमीर को पता चल गया है कि आपने बगदाद से चलने के पूर्व ही अमीर की हरम में पहुँचने का एलान कर दिया है। अब अमीर को इस बात का डर है कि आप उसके हरम की रखैलों को फाँस लेंगे।''

यह सुनकर मौलाना हुसैन आश्चर्य से मुल्ला को देखने लगा।

मुल्ला ने कहा, ''इसलिए अमीर ने यह संदेश जारी किया है कि मौलाना हुसैन को बुखारा में आते ही गिरफ्तार करके मृत्युदंड दे दिया जाए। अमीर को यह पता चल चुका है कि आप बुखारा में आ चुके हैं। आपके हमशक्ल एक मुल्ला को धोखे से उसकी गर्दन उड़ा दी है। आपके कारण ही हर आदमी औरत को परेशान कर रहा है।

यह सुनकर मौलाना हुसैन घबरा गया और बोला, ''मैं अभी बगदाद लौट जाता हूँ।''

मुल्ला बोला, ''लेकिन यह भी आसान काम नहीं है, फाटक तक पहुँचते ही आपको गिरफ्तार कर लिया जाएगा।''

''मैं पूरी तरह निर्दोष हूँ। अमीर किसी गलतफहमी का शिकार है। क्या आप मेरी कोई मदद कर सकते हैं?''

मुल्ला ने संकेत किया कि तुम मेरे पीछे-पीछे चले आओ।

अब अपने ढाबे वाले मित्र के पास पहुँचकर मुल्ला ने एक कोने में ले जाकर उससे कहा, ''आप अपने कपड़े उतार कर यहाँ रख दें और जनाने कपड़े पहनकर बगदाद के लिए तुरन्त निकल जाएँ।'' बहुत सावधानी के साथ जाना होगा।

मुल्ला नसीरुद्दीन ने मौलाना के जाते ही उसके कपड़े पहन लिए, उसी का साफा आदि धारण किया और उसी तरह अपने चेहरे को सँभाला अब अपनी पूर्व योजना के अनुसार कार्य की तैयारी में लग गया।

अमीर के दरबार में मुल्ला

अब मुल्ला के लिए अमीर के महल तक जाने का रास्ता साफ था। उसने महल के दरवाजे पर पहुँचकर सूचना भेजी कि बगदाद से मौलाना हुसैन आ चुके हैं।

मौलाना हुसैन का नाम सुनते ही अमीर ने बहुत आदर के साथ अन्दर बुलवा लिया। मुल्ला ने पहुँचते ही अमीर से कहा, "हुजूर ये बताइए कि आज आप सुबह से किसी औरत से तो नहीं मिले?"

अमीर ने हैरानी से कहा, "हमारा इरादा तो जरूर बन रहा था। लेकिन मैं अभी तक किसी से मिला नहीं हूँ। पर बताइए आपने आते ही इस बारे में क्यों पूछा?"

यह सुनते ही मुल्ला ने चैन की साँस ली। उसने कहा, "मैंने सितारों की गणना कर देखा है कि आपकी दशा आजकल ठीक नहीं चल रही है। इसी कारण आपका बनता हुआ काम बिगड़ सकता है। इन सितारों में दो सितारे ऐसे हैं, जो आपको अपनी ही औरतों से दूर रखने के लिए कमर कसे हैं। आपने इन सितारों की बात नहीं मानी तो आपको अपनी उस औरत की जान से हाथ धोना पड़ सकता है। इसी कारण आपको कुछ समय तक इन्तजार करना पड़ेगा।"

अमीर ने कहा, "क्या यह बात आप दावे के साथ कह सकते हैं?"

मुल्ला ने कहा, "आपको मेरी बात पर यकीन नहीं है तो आपके दरबार में आलिमों की कमी नहीं है, आप सबसे इस बात की जाँच करा सकते हैं।"

अमीर ने अपने आलिमों से पूछताछ की, आलिमों ने मुल्ला से कहा उल्टे-सीधे प्रश्न पूछो मुल्ला ने उनका मूँहतोड़ जवाब दिया।

जब दरबार के सभी आलिम एक-दूसरे की बगलें झाँकने लगे तब मुल्ला ने अमीर से कहा, "हुजूर आपके आलिमों को कुछ नहीं आता, ये तो खाली आपकी चापलूसी में ही मस्त रहते हैं। आप मेरी ही बात पर ध्यान दीजिए, विश्वास कीजिए।

असली मुल्ला कौन?

अभी मुल्ला बात कर ही रहा था कि अमीर के दरबार में आकर सूचना दी गई कि कुछ सिपाही मुल्ला नसीरुद्दीन को पकड़ कर लाए हैं।

अमीर सावधानी के साथ बैठ गया फिर तुरन्त ही मुल्ला को दरबार में हाजिर करने का आदेश दिया। कुछ देर बाद सिपाही स्त्री वेशधारी एक बुढ़े को ले आए। जिसको देखते ही मुल्ला नसीरुद्दीन के पसीने निकल आए। पर फिर भी उसने अपने को सँभाला।

दरबार में पहुँचकर बूढ़ा रो-रोकर अपने प्राणों की भीख माँग रहा था वह बहुत डरा हुआ नजर आ रहा था। इसी तरह बार-बार कह रहा था, "मैं मुल्ला नसीरुद्दीन नहीं हूँ।"

सिपाहियों ने बताया, "हुजूर स्त्री के वेश में यह आदमी बुखारा से भाग रहा था। अब डर के कारण अपना नाम मौलाना हुसैन बता रहा है। जबकि यह वही मुल्ला नसीरुद्दीन है, जो आपके डर के कारण बुखारा छोड़कर जा रहा था।"

अचानक अमीर गरजकर बोला,"दरबार में ऐसा कौन है, जो मुल्ला नसीरुद्दीन को पहचान सकता हो?"

दरबार में बैठा हुआ एक कोतवाल उठकर आया और बोला, "हुजूर मैं मुल्ला नसीरुद्दीन को अच्छी तरह से पहचानता हूँ आपकी आज्ञा हो तो मैं शिनाख्त करूँ।"

अमीर ने कहा, "आज्ञा है" ।8

कोतवाल बूढ़े के पास जाकर गौर से देखने लगा फिर बोला,"नहीं, यह मुल्ला नसीरुद्दीन नहीं हो सकता। वह तो 30 या 35 साल का जवान है, जबकि यह बूढ़ा 60 से 65 साल से कम उम्र का नहीं है। अब ऐसा लगने लगा कि लालची सिपाहियों को सब ऐरा-गैरा मुल्ला नसीरुद्दीन नजर आने लगा है।

कोतवाल की बात सुनकर सारे सिपाहियों के चेहरे सुस्त हो गए। फिर बूढ़ा हिम्मत करके बोला,"हुजूर कोतवाल साहब सही फरमा रहे हैं, मैं नसीरुद्दीन नहीं हूँ। मैं तो मौलाना हुसैन हूँ, बगदाद से आपके निमंत्रण पर ही आया हूँ।"

"औरत का वेशधारण कर!" अमीर ने भी उससे व्यंग्य में ही बात की।

"नहीं हुजूर, मैं तो अपने असली वेश में ही आया था लेकिन शहर में बहुत शोर मचा हुआ था, धरपकड़ मची हुई थी। उसको देखकर मैंने किसी अजनबी से पूछा क्या यहाँ हमेशा ऐसा ही रहता है तब उस अजनबी ने बताया कि बुखारा पहुँचते ही मेरा सिर कलम कर दिया जाएगा, यह हुक्म वहाँ जारी हो चुका है। यह सुनकर मुझे डर लगा, तब उसी अजनबी की सलाह पर मैंने अपना वेश बदल कर भाग जाना ही बेहतर समझा।

यह तुम्हारी कहानी बड़ी अजीबो-गरीब लग रही है। बगदाद के प्रसिद्ध आलिम मौलाना हुसैन ने बिना कुछ जानकारी किए उस पर इतना भरोसा कर लिया। आखिर मैं तुम्हारा सिर कलम करने का हुक्म क्यों दूँगा? अमीर ने फिर व्यंग्य किया।

"क्योंकि अजनबी के अनुसार मैंने आपके हरम में घुसने का एलान किया था। पर मैंने तो ऐसा कभी कहा ही नहीं, पर अमीर ने मेरी एक न सुनी।"

वह फिर गरजकर बोला,"तुम हमारे हरम में घुस जाओगे? यह कहने की तुम्हारी हिम्मत कैसे हुई? तुम अपने आप को मौलाना हुसैन कहते हो, अरे, मौलाना हुसैन तो हमारे पास आ चुका है?" अमीर ने मौलाना हुसैन बने मुल्ला नसीरुद्दीन की ओर इशारा करके कहा।

जब असली मौलाना हुसैन ने मुल्ला नसीरुद्दीन को देखा तो चौंक पड़ा, जोर-जोर से चिल्लाने लगा। फिर जोर से चीखा,"हाँ, यही है वह अजनबी, जिसने मुझे यह जानकारी दी थी कि मेरा सिर काटने का हुक्म हुआ है। और हरम में घुसने की बात भी इसी ने बताई थी।

अमीर ने मुल्ला नसीरुद्दीन से पूछा, "यह क्या तमाशा है मौलाना हुसैन?"

मुल्ला के बोलने से पहले ही असली मौलाना हुसैन बोल पड़ा,"मौलाना हुसैन मैं

ही हूँ यह तो एक बहुरूपिया है, मेरा नाम चुरा लिया है और अपने को मौलाना हुसैन बताने लगा है।''

अब अमीर के आगे मुल्ला बहुत अदब एवं सावधानी के साथ बोल रहा था,''हुज़ूर गुस्ताखी माफ हो, यह बहुत जबान जोर आदमी है, इसे शर्म नहीं है, बिलकुल बेशर्म है अभी तो नाम ही चुराने की बात कहता है फिर कहेगा कि मैंने इसकी पोशाक भी चुरा ली है।''

''हाँ, हाँ, यह पोशाक मेरी ही है'', फिर बुड्ढ़ा जोर से चिल्लाया।

मुल्ला नसीरुद्दीन चिढ़कर बोला, ''शायद यह साफा भी तुम्हारा ही है।''

''हाँ, हाँ, मेरा ही है।''

''जो मैं कमर बन्द व पटका पहन रखा हूँ वह भी तुम्हारा ही है।''

''हाँ, हाँ, यह भी सब मेरे ही हैं। अपनी जनानी पोशाक के बदले तुमने ही तो यह सब मेरा ले लिया है।''

अब मुल्ला नसीरुद्दीन अमीर के और मुखातिब हुआ, ''देखो हुज़ूर, यह बूढ़ा तो कितना झूठा व मक्कार है। कल कहेगा यह महल मेरा है। यह हरम मेरा है। इस मुल्ला की कोई चाल अवश्य है। हो सकता है किसी ने इसे सिखा पढ़ाकर भेजा है। मौलाना हुसैन हमें तुम्हारी बात ही सच लगती है। मुझे अब इस बूढ़े की नियति पर शक हो रहा है। क्यों न इसका सिर कलम कर दिया जाए, अमीर ने कहा। पर मुल्ला को यह ठीक न लगा उसने मन में निर्णय लिया कि इसको मरने नहीं दूँगा। इसको बचाना मेरा धर्म है।

मुल्ला के हवाले मौलाना

अमीर की बात सुनकर बूढ़ा रोने लगा। वह बहुत दुःखी हो चुका था। मुल्ला नसीरुद्दीन भी सोच रहा था, अपनी गुलजान को बचाने के लिए मैंने बूढ़े का सहारा लिया, इसको मरने नहीं दूँगा।

मुल्ला अमीर से बोला, ''हुज़ूर इसका सिर तो अभी भी काटा जा सकता है लेकिन हमें तो इसका रहस्य जानना है कि वास्तव में यह कौन है, कहाँ से आया है, क्या इरादा था, इसके कौन-कौन साथी हैं। इसने औरत बनकर महलों में पहुँचने की हिम्मत क्यों की? इसलिए मेरी विनती है कि इस समय आप इसे मेरे हवाले कर दें। मैं इससे सब सच्चाई उगलवाने की कोशिश करूँगा।''

''ठीक है, लेकिन यह भाग न जाए इस बात की पूरी जिम्मेदारी तुम्हारी होगी।''

''जी हुज़ूर, इसे मैं अपनी जिम्मेदारी समझता हूँ।''

इसके पश्चात अमीर ने दरबार में मौलाना हुसैन का वेश धरे मुल्ला नसीरुद्दीन को आलिम नियुक्त किया और शाही निवास में उनके खाने-पीने, रहने-ठहरने का आदेश जारी कर दरबार बर्खास्त कर दिया।

शाही आवास में मुल्ला के साथ असली मौलाना हुसैन भी कैदी बन गया। सिपाही तथा अन्य सभी लोगों के चले जाने पर मुल्ला ने मौलाना से कहा, "मौलाना हुसैन इस शाही निवास में आप कुछ दिन आराम से रहिए। शाही भोजन कीजिए। लेकिन यहाँ से भागने की कोशिश बिलकुल मत करना। वरना जान से हाथ धो बैठोगे। यहाँ के काम करने वाले (नौकर-चाकरों) को दिखाने के लिए मैं आपको ताले में बन्द करके जाता हूँ, ताकि किसी को शक न हो।

सवाल सौगात का

अगले दिन फिर अमीर का दरबार लगा था। सब दरबारियों के साथ मुल्ला, मौलाना हुसैन के वेश में हाजिर था। सभी लोग अमीर की तारीफ कर रहे थे। अमीर को खुश करने के लिए झूठी तारीफों के पुल बाँध रहे थे।

अब अमीर ने दरबारियों से एक सवाल पूछा, "जब आप सब लोग मुझे राजा समझते हैं तो क्या कारण है कि हमारे आस-पास जो मुस्लिम देशों के अमीर, सुलतान आदि हैं वह मेरी सत्ता स्वीकार कर मेरी खिदमत में तोहफे क्यों नहीं भेजते?"

अमीर ने ठीक समय सवाल उठाया, उसका सवाल सुनते ही सारे दरबारी एक-दूसरे की बगले झाँकने लगे। अब अकेला मुल्ला नसीरुद्दीन ही निश्चिंत बैठा था।

जब कोई भी दरबारी नहीं बोला तो मुल्ला ने कहा, "हुजूर इसका तो साधारण सा कारण है कि वह आपकी शक्ति, बुद्धिमत्ता और योग्यता से डरते हैं। उन्हें हर समय डर रहता है कि अगर हम बहुत कीमती सौगात भेजेंगे तो बुखारा के अमीर हमें दौलतमन्द समझकर हम पर हमला बोल देंगे, फिर हमारे मुल्क पर उनका कब्जा हो जाएगा। इसके विपरीत अगर छोटी-मोटी सौगात भेजेंगे तो भी खतरा है कि कहीं बुखारा का अमीर नाराज हो कर कहीं अपनी सेना न भेज दे। इसलिए बेहतर यही है कि जैसा चल रहा है चलने दिया जाए।"

मुल्ला की बात सुनकर अमीर बहुत खुश हुआ और उसको दरबार में सम्मिलित कर लिया गया।

दरबारियों का कर्त्तव्य

अमीर का विश्वास मुल्ला पर बढ़ता जा रहा था। अमीर ने फिर एक सवाल पूछा, "दरबारियों का क्या कर्तव्य है?"

यह सवाल करते हुए अमीर ने अपने सभी दरबारियों की ओर देखा।

मुल्ला ने कहा, "सबसे पहले दरबारियों को अपनी रीढ़ की हड्डी की कसरत करनी चाहिए जिससे वह अमीर के सामने हमेशा झुके रह सकें। दूसरे, उसे चापलूसी नहीं,

सच बोलने का हमेशा अभ्यास करना चाहिए; ताकि अमीर को हमेशा सच बता कर धोखे में न रखा जाए।" मुल्ला की बात अमीर को ठीक लगी।

गुलजान की तबीयत

अभी मुल्ला नसीरुद्दीन की बात पूरी भी नहीं हुई थी कि हरम का ख्वाजा सरा(हरम का नपुंसक नौकर) दौड़ता हुआ आया। उसने बताया कि आपकी नई रखैल की तबीयत दो दिन से नासाज (खराब) है। वह किसी से कुछ न बोलती ही है, न खाती-पीती है, बस गुमसुम-सी पड़ी है। इस तरह वह कहीं...

अमीर ने ख्वाजा सरा को टोकते हुए कहा, "तो जल्दी से हकीम जी को बुलाओ।"

"हकीम जी बुखारा से बाहर गए हुए हैं, वह चार दिन पश्चात बुखारा लौटेंगे।"

अमीर बहुत चिन्ता में पड़ गया, अपने माथे पर हाथ मारने लगा। फिर मुल्ला नसीरुद्दीन से बोला मौलाना हुसैन अब क्या होगा। मेरी नई रखैल है, उसके साथ मैंने अभी एक रात भी नहीं बिताई है, उसकी हालत बहुत खराब है।

"हुजूर आप चिन्ता न करें। अगर मुझे इजाजत दें तो मैं उनको सेहतमन्द करने का कोई उपाय सोचूँ।" मुल्ला नसीरुद्दीन ने कहा–

"तुम क्या कर सकते हो?"

"हुजूर, उसकी नब्ज देखकर मैं उसका रोग पहचान सकता हूँ। मुझे रोगों और उसके उपचार की गहरी जानकारी है।"

"लेकिन वह हमारे हरम में है। वहाँ तक तुम्हारे..."

"हुजूर, मैं आपकी बात समझ रहा हूँ, आपको बिलकुल परेशान होने की जरूरत नहीं है। आप खुद मुझे अपने साथ लेकर हरम में चलिए। वहाँ मैं दरवाजे के बाहर ही रहूँगा। ख्वाजा सरा उसकी कलाई में एक धागा बाँध देगा। मैं धागा पकड़कर नब्ज की जानकारी लेकर तबीयत का अन्दाजा लगा लूँगा।" कुछ सोचकर अमीर ने मुल्ला का यह प्रस्ताव मान लिया।

हरम में पहुँचकर अमीर और मुल्ला दोनों गुलजान के कमरे के बाहर खड़े रहे। ख्वाजा ने गुलजान की कलाई में धागा बाँध दिया और मुल्ला के हाथ में पकड़ा दिया। मुल्ला ने थोड़ी देर तक धागे को पकड़े रखा फिर गम्भीरतापूर्वक कहा–

"हुजूर परदे के पीछे लेटी हुई सुन्दरी की धड़कन साफ सुन रहा हूँ, उसके दिल की हालत बहुत नाजुक लग रही है। इस सुन्दरी का क्या नाम है?"

अमीर ने कहा, "गुलजान"। मुल्ला की आवाज सुनकर गुलजान चौंक गई। उसे ऐसा लग रहा था कि वह सपना देख रही है। उसको अपने पर ही विश्वास नहीं हो रहा था कि उसका प्रेमी अमीर के हरम तक चला आएगा।

वह अभी सोच ही रही थी कि मुल्ला ने एक विशेष अन्दाज में "गुलजान" से कहा

फिर आगे बोला, "मैं बगदाद का मशहूर हकीम, आलिम और नजूमी मौलाना हुसैन हूँ। मैं बगदाद से अमीर की सेवा में ही आया हूँ, मैंने तुम्हारी बीमारी समझ ली है। अब तुम भी समझ लो कि जल्दी ही तुम्हारी बीमारी दूर हो जाएगी। मैं थोड़ी देर में दवा भेज दूँगा।

अमीर तो मुल्ला की इन बातों का मतलब न समझा हो, पर गुलजान समझ गई कि उसे बचाने वाला यहाँ तक पहुँच चुका है और जल्दी ही इस कैद से मुझे निकाल लेगा।

अब मुल्ला ने वहाँ ज्यादा देर रूकना ठीक नहीं समझा। वह अमीर के दरबार में लौट आया। पर वहाँ से गुलजान के कमरे तक जाने आने का रास्ता बड़े गौर से देखा था। वह दवा जल्दी से जल्दी तैयार करके भेजने का आश्वासन देकर दरबार से जल्दी ही बिदा हो गया।

दवा का असर

मुल्ला ने उलटी-सीधी जड़ी बूटियाँ मँगवाकर एकान्त में उन्हें कूट-पीस कर दवा बनाने का नाटक किया। फिर एक सुन्दर से कलश में जल भर कर गुलजान के पास यह कहकर भिजवा दिया कि दिन में तीन बार दो-दो चम्मच दवा का सेवन करें, आधी रात तक वह पूरी तरह ठीक हो जाएगी।

इस संदेश का अर्थ गुलजान समझ रही थी। उसके दवा पीने के कुछ देर बाद ही ख्वाजा सरा ने अमीर को सूचना दी कि दवा पीकर वह स्वस्थ हो रही है।

यह खबर पूरे दरबार में सुनी गई। अब तो मौलाना हुसैन बने मुल्ला नसीरुद्दीन की और भी धाक बढ़ गई।

अमीर को बहुत खुशी हुई। दरबार में खूब मिठाइयाँ बाँटी गई।

जाफर के कूबड़ का इलाज

गुलजान की बीमारी ठीक होने की खुशी में अभी मिठाई का वितरण चल ही रहा था कि इसी बीच सूदखोर जाफर भी लगड़ाता हुआ चला आया। उसको बुलाया तो, अमीर ने ही था। पर नई रखैल का स्वास्थ्य ठीक होने की खुशी में वह सब कुछ भूल गया था।

अचानक जाफर के कूबड़ पर ध्यान गया तब मुल्ला नसीरुद्दीन से बोला, "मौलाना, जैसे तुमने हमारी नई रखैल को ठीक किया है उसी प्रकार तुम जाफर का कूबड़ ठीक कर दो, बहुत दिनों से परेशान है।"

अमीर के हुक्म से मुल्ला नसीरुद्दीन बहुत हैरान हुआ। वह सोचने लगा, इस जन्मजात कूबड़ को कैसे ठीक किया जा सकता है लेकिन अमीर का हुक्म टाला नहीं जा सकता था। कुछ तो सोचना ही होगा। साँप भी मर जाए, और लाठी भी न टूटे।

मुल्ला नसीरुद्दीन अपने बचाव का कुछ हिसाब सोच ही रहा था। तभी अमीर ने टोका, "मौलाना हुसैन किस सोच में पड़ गए हो? क्या इस कूबड़ का तुम्हारे पास कोई भी इलाज नहीं है?"

"इलाज तो बहुत है हुजूर पर कुछ वक्त तो लगेगा ही। मुझे कुछ दिनों तक इनके निवास पर जाकर कसरत करवानी होगी। कुछ टोने-टोटके करने पड़ेंगे। उसमें इनका भी कुछ धन खर्च होगा।" मुल्ला ने कहा।

"मौलाना तुम धन की बिलकुल चिन्ता मत करो, सूदखोर के पास बहुत धन है। तुम आज ही इनके साथ आओ और इलाज शुरू कर दो। यह कह कर अमीर ने दरबार बर्खास्त कर दिया और विश्राम करने चला गया।

मुल्ला नसीरुद्दीन को कोई उपाय नहीं सूझ रहा था उसने जाफर के साथ जाना ही ठीक समझा। घर पहुँचकर जाफर मौलाना हुसैन बने मुल्ला नसीरुद्दीन को एकान्त कमरे में ले गया।

मुल्ला ने देखा कि वहाँ जाफर की अकूत (बेशुमार) संपदा बोरों में भरी पड़ी है, पूरा कमरा विदेशी सामानों से सजा हुआ है।

एक तरफ सुन्दर तकियों के सहारे मुल्ला को बैठाकर जाफर बोला, "हुजूर, जितना धन चाहिए, ले लीजिए, लेकिन मेरा कूबड़ जल्दी ठीक कर दीजिए।"

मुल्ला ने कहा, "पहले आप अपने सारे कपड़े उतारो।" जाफर ने मुल्ला के कहने पर अपने सारे कपड़े उतार दिए। मुल्ला ने कूबड़ को दोनों हाथों से दबा-दबा कर देखा, उसको दो-चार घूँसे भी मारे। जाफर कराह उठा और चिल्लाने लगा।

मुल्ला ने जाफर से कहा, "सुना है नगर के बीच में एक पानी का तालाब है उसमें सबकी बीमारियाँ ठीक हो जाती हैं। तुम चलो एक बार उसी पाक-साफ तालाब में स्नान कर लो। तब ही कूबड़ ठीक हो सकेगा, साथ ही जो कर्जा आपने गरीबों को दिया है वह भी सब माफ करना पड़ेगा। स्नान करके वापिस आते समय रास्ते में जितने गरीब या माँगने वाले मिलेंगे, उन सबको सोने का एक-एक सिक्का देना होगा।"

तालाब में नहाने की बात सुनकर जाफर घबरा गया, उसके पसीने छूटने लगे। वह सोचकर बोला मुझे तो तैरना भी नहीं आता।"

"कोई बात नहीं तो फिर कूबड़ ठीक नहीं होगा।" मुल्ला ने कुछ उपेक्षा से कहा। उसने लुहार से वायदा किया था कि एक दिन जाफर को इस तालाब में डुबोकर मारना है, याद आ गया।

मरता क्या न करता। जाफर को मुल्ला के साथ तालाब पर जाना ही पड़ा। साथ में उसका परिवार, रिश्तेदार और उसके दोस्त भी थे।

यह चर्चा सब तरफ फैल चुकी थी कि आज तालाब में स्नान करके जाफर का कूबड़ ठीक होने वाला है। इस कारण जो लोग रास्ते में मिलते थे वह भी सब साथ में चले जा रहे थे। इस तरह तालाब पर पहुँचते-पहुँचते काफी भीड़ जमा हो गई। कुछ हमदर्द थे तो कुछ तमाशबीन थे।

तालाब के किनारे जाकर मुल्ला ने जाफर के सभी कपड़े उतरवा लिए। फिर उससे तालाब में तैरने को कहा।

तालाब के ठंडे पानी में उतरते ही जाफर को कँपकँपी छूट गई। अचानक पैर फिसल गया वह अपने को सँभाल न सका और पानी में गिर गया। उसने हाथ-पैर तो बहुत मारे ऊपर उठने की कोशिश भी की, पर ऊपर आ न सका।

अब उसका कुछ बस नहीं चल रहा था जोर-जोर से चिल्लाने लगा, "बचाओ! बचाओ!" मगर कोई बचाने वाला नहीं आया।

एक बार फिर बचा जाफर

जाफर की आवाज सुनकर एक किश्ती को दया आ गई और वह तालाब में कूद पड़ा तथा जाफर को खींचते हुए जमीन पर ले आया।

बाहर आते ही जाफर ने किश्ती से कहा, अगर तूने यह सोच कर मुझे बचाया है कि मैं तेरा कर्जा माफ कर दूँगा। यह तेरी भूल होगी, तुझे परसों मेरा सारा कर्ज अदा करना है। यह बात तुम्हें याद होगी ही। मैं एक कौड़ी भी नहीं छोड़ूँगा।

किश्ती डर गया फिर खुशामत करते हुए बोला, "हुजूर, कुछ दिन पहले भी आप तालाब में गिर पड़े थे तब किसी अजनबी ने आपको बचाया था। उसी उपकार को याद करके मैंने आपको बचाया है।"

मुल्ला ने मन ही मन कहा खैर मना जाफर, आज दूसरी बार तू मेरे कारण ही बचा है। अब तीसरी बार तू किसी भी तरह नहीं बचेगा, यह मेरा वायदा है।

फिर मुल्ला ने जाफर से कहा, "तुम अपना वायदा याद नहीं रख रहे हो, तुम्हें इसका कर्जा माफ करना ही होगा, साथ ही इसे इनाम में सोने का सिक्का भी अवश्य देना होगा।"

जाफर ने जबरदस्ती एक सोने का सिक्का दिलवाया। फिर उसे घुड़की देकर बोला परसों कर्ज अदा करना है।

मुल्ला की आँखों में जाफर की हरकत छिपी नहीं रह सकी। उसने किश्ती को जाफर के आगे-आगे चलने का इशारा किया।

थोड़ी दूर चलने पर जाफर को वही किश्ती दिखाई पड़ा। जाफर उससे बचकर निकल रहा था, मगर मुल्ला ने टोक दिया, "इसे एक सोने का सिक्का दो।"

मजबूर होकर जाफर ने एक सोने का सिक्का फिर दिया। इसी प्रकार जाफर जब तक अपने घर पहुँचा किश्ती को आठ सोने के सिक्के दिला दिए। दूसरे भी कई लोगों को काफी पैसा मिला।

जाफर का मन बहुत दुःखी हो चुका था वह मौलाना से बोला, "मौलाना अब तक मेरे 3000 रुपये खर्च हो चुके हैं, आपका इलाज तो बहुत ही महँगा पड़ रहा है।"

"कोई बात नहीं, आपका कूबड़ अब कभी ठीक नहीं होगा। मैं चला अमीर के पास।" मुल्ला ने जाफर से कहा।

अली के ढाबे पर

जाफर को मुल्ला ने उसके घर पहुँचाकर खुद बाजार की ओर चल दिया। उसे अपनी गुलजार को अमीर के हरम से निकालना था, इसी योजना पर विचार कर रहा था। इसी बीच वह अपने मित्र अली से सलाह मश्विरा भी करना चाहा।

इसलिए, वह वहाँ से सीधे ढाबे वाले दोस्त अली के पास पहुँचा, सारे नगर का हालचाल उसे अपने दोस्त अली से ही पता चलता था।

सब जानकारी के बाद अब दोनों जने चुपचाप आपस में विचार-विमर्श कर ही रहे थे कि ढाबे के बाहर से आवाज आई, कोई कह रहा था मैं असली नसरुद्दीन हूँ। इतने दिनों में मुझे अपनी गलतियों का अहसास हो रहा है और अफसोस भी है। अब निश्चय किया है कि अमीर के हुक्म की तामील में ही हम सब सुखी रह सकते हैं।

मुल्ला ने इस आवाज को पहचान लिया था। उसने अपने सिर को जरा ऊँचा करके उस आवाज की दिशा में देखा। वह देखते ही पहचान गया कि जो अपने को मुल्ला नसीरुद्दीन कह रहा है वह कोई खास जासूस था।

एक उपाय

अचानक मुल्ला के दिमाग में आ गया कि अब मैं असल रूप में आ जाऊँ। असली रूप में आने पर वह जासूस के पास बैठे एक व्यक्ति से बोला, "अरे मुल्ला, मैं तुमसे एक सवाल पूछता हूँ।"

"क्या सवाल है भैया?"

"अगर मैं नहा रहा होऊँ और मुआज्जिम की आवाज सुनाई दे तो किधर मुड़ूँ?"

नकली मुल्ला कोई जवाब दे पाता कि अँधेरे से एक आवाज उभरी, "अपने कपड़ों की ओर, घर तक नंगा जाने का यही उपाय है।"

यह सुनकर नकली मुल्ला नसीरुद्दीन का चेहरा लटक गया।

ताबूत के आगे या पीछे

तब एक अन्य आदमी से नकली मुल्ला ने पूछा, "मैयत में शामिल होने के लिए ताबूत के आगे रहना चाहिए या पीछे?"

पहले की तरह ही फिर कोने से आवाज उभरी, "अगर आप ताबूत के अन्दर नहीं हों, तो इस बात से कोई फर्क नहीं पड़ता कि आप ताबूत के आगे रहें या पीछे।"

यह जवाब सुनकर सभी ठहाका मार कर हँस पड़े। नकली नसीरुद्दीन खिसियाकर रह गया।

अब अँधेरे कोने की ओर बढ़ा, "अबे नामुराद! मैं बड़ी देर से तेरी बकबक सुन रहा हूँ, मैं चाहूँ तो तुझे तुम्हारे ही जवाब में चुप करा सकता हूँ।"

जासूस की पिटाई

जासूस की आवाज सुनकर मुल्ला अँधेरे से निकलकर, अपनी असली वेशभूषा में आ गया। उसे देखकर सभी आश्चर्य में पड़ गए।

असली मुल्ला ने नकली मुल्ला से कहा,"तो तुम असली नसीरुद्दीन हो?"

"नकली मुल्ला ने कहा हाँ, मैं ही असली नसीरुद्दीन हूँ और तुम नकली मुल्ला हो।"

अब असली मुल्ला नसीरुद्दीन चिल्लाया, "अरे नेक मुसलमानों! इस मुल्ला नसीरुद्दीन को पकड़ लो। इसी ने कहा है कि यही मुल्ला नसीरुद्दीन है। इसे अमीर के पास पहुँचाकर, उससे 3000 रुपये का इनाम प्राप्त कर लो।

मुल्ला ने उछल कर झट से नकली मुल्ला की दाढ़ी पर हाथ मारा, दाढ़ी हाथ में आ गई। अब सबने उसे पहचान लिया था। वह अमीर का बहुत पुराना जासूस था।

नकली मुल्ला नसीरुद्दीन पकड़ा गया है, इस बात का शोर मचते ही वहाँ भीड़ इकट्ठी हो गई। सभी ने मिलकर उसकी खूब पिटाई की।

जब भीड़ मुल्ला को मारने लगी थी, उधर असली नसीरुद्दीन अँधेरे का सहारा लेकर जाने कहाँ गायब हो गया। उसने पुनः अपना वेश बदला और मौलाना हुसैन बनकर शाही निवास में चुपचाप जाकर लेट गया।

थोड़ी देर में जासूस भी अमीर के दौलत खाने में आ गए। उसने वहाँ के कोतवाल असलाबेग को रो-रोकर अपनी दास्तान सुनाई।

अमीर को तो अब बहुत परेशानी हो रही थी, मुल्ला नसीरुद्दीन फिर आ गया है। इस खबर से सारा प्रशासन ही घबराया हुआ था।

मुल्ला का रास्ता साफ

अब मुल्ला नसीरुद्दीन का रास्ता लगभग साफ था क्योंकि असलाबेग ने अपने ज्यादातर सिपाही मुल्ला नसीरुद्दीन को पकड़ने के लिए भेज दिए थे। शाही हरम तथा अन्य महलों पर और वहाँ की गलियों में भी पहरा कम हो गया था।

चारों ओर सन्नाटा पसरा था, सब लोग गहरी नींद में सो रहे थे, मुल्ला नसीरुद्दीन धीरे से उठा, द्वार से नहीं वह खिड़की से निकला, पहरेदारों की नजर बचाते हुए वह

धीरे-धीरे अमीर की हरम की ओर बढ़ने लगा। उसने पहले से ही वह रास्ता देख रखा था।

हरम का रास्ता अभी कुछ दूरी पर था इसी बीच उसने देखा कि कुछ पहरेदार शराब में धुत्त हैं और आपस में कुछ अजीब-सी बातें कर रहे हैं, जो कुछ समझ में नहीं आ रहा था। पर ऐसा लग रहा था दोनों पूरी तरह से एक-दूसरे के विरोधी हैं तथा अपनी-अपनी बात मनवाने की पूरी कोशिश कर रहे हैं।

मुल्ला ने विचार किया कि अगर इन लोगों को जल्दी से शान्त नहीं किया गया तो अन्य सिपाही भी आवाज सुनकर आ जाएँगे। इसलिए मुल्ला ने अपनी थैली से एक सोने का सिक्का निकाला और जमीन पर कुछ इस तरह से फैंक दिया कि पहरेदार आवाज सुनें फिर उस तरफ हो जाए।

वैसा ही हुआ जिस ओर से सिक्के की आवाज हुई थी पहरेदार उसी ओर लपके, यह देखकर मुल्ला ने दूसरा सिक्का फैंका, फिर तीसरा भी फैंक कर आगे बढ़ रहा था। जाते-जाते एक मुट्ठी सिक्के और फैंक कर वह चुपचाप आगे बढ़ गया।

दोनों पहरेदार सिक्कों पर पूरी तरह झपट चुके थे। मुल्ला हरम के दरवाजे तक पहुँचा देखा कि ख्वाजा सरा गहरी नींद में सोया हुआ है। वह चुपचाप धीरे-धीरे कदम बढ़ाता हुआ गुलजान के कमरे की ओर बढ़ गया। दरवाजे पर चिरपरिचित दस्तक दी, गुलजान ने द्वार खोला और मुल्ला के सीने से लग गई।

मुल्ला ने भी उसे बाँहों में भर लिया लेकिन जल्दी ही सचेत हो गए, देर करने से पकड़े जाने का खतरा था।

मुल्ला नसीरुद्दीन ने गुलजान को छत के ऊपर से उतार कर वहीं से ले जाने की योजना बनाई थी। पीछे की ओर उसने बहुत मजबूत रस्सी बाँधी हुई थी उसी के सहारे उसे नीचे उतारा और उसे समझा दिया कि उसे किस ओर जाना है।

पिछले द्वार से कुछ दूर मित्र अली उसका इन्तजार कर रहा था। जैसे ही गुलजान उसके निकट पहुँची अली ने पूर्व निर्धारित संकेत से मुल्ला को उसकी योजना सफल होने की खबर दे दी।

खबर पाते ही मुल्ला जिस रास्ते से आया था उसी रास्ते अपने शाही इमाम में पहुँच गया और वहाँ सुबह का इन्तजार करने लगा।

शाही निवास में हड़कम्प

आज मुल्ला बहुत खुश था, सुबह उठा। उठकर उसने खिड़की से बाहर की तरफ देखा तो अमीर के शाही निवास में हड़कम्प मच गया था। सिपाही इधर-उधर भागते फिर रहे थे, लगता था किसी चीज को खोज रहे हैं।

एक सिपाही ने आकर मुल्ला का दरवाजा भी खटखटाया। उसे पता चला कि अमीर ने उसे जल्दी ही बुलाया है।

मुल्ला ने बड़ी ऊँची आवाज में कहा, "कहना अभी आता हूँ।"

सिपाही के जाने के बाद मुल्ला आराम से तैयार होकर अमीर के दरबार में पहुँच गया। उसे देखकर अमीर का दिल भर आया और रूआँसा होकर बोला, "मौलाना मैं तो लुट गया, हमारी नई रखैल गुलजान को रात में कोई चुरा कर ले गया।"

"कैसे?"

"हमारे पहरेदार ही हरामखोर हैं इन्हीं की लापरवाही से।"

"ऐसा दुस्साहस करने की हिम्मत किसने की?"

"मुझे तो मुल्ला नसीरुद्दीन पर शक है। कल शाम को सुना था कि वह यहीं है और रात में गुलजान गायब हो गई।"

अमीर के शक के कारण अब तो मुल्ला की खोज बहुत जोर-शोर के साथ शुरू हो गई। सिपाही चारों ओर फैल चुके थे। अब अमीर, मुल्ला किस तरह गिरफ्तार किया जाए, मुल्ला से ही विचार-विमर्श करने लगा। उसने अपने कई सुझाव दिए, कई उपाय भी बताए।

अन्त में अमीर ने कहा, "मौलाना, कुछ भी हो जाए, कितना भी धन खर्च हो, आप मुल्ला को जल्दी से पकड़वाने की व्यवस्था कीजिए। अगर आपकी कोशिशों से मुल्ला पकड़ा गया तो मैं आपको अपना प्रधानमंत्री बना दूँगा।" इसके साथ ही एक सोने के सिक्कों की भरी हुई थैली मुल्ला के हाथ में थमा दी।

मौलाना हुसैन की रिहाई

अमीर से मिलकर मुल्ला शाही निवास में गया, उसमें जो असली मौलाना हुसैन बन्द था उससे कहा, "मौलाना, मैं थोड़ी देर में यह शाही निवास छोड़कर जा रहा हूँ। फिर आप आजाद हो जाएँगे। जब मैं जाऊँगा आपके कमरे का ताला खोलकर जाऊँगा पर आप रात भर कमरे में ही रहेंगे, कहीं बाहर नहीं निकलेंगे।"

मौलाना हुसैन ने सहमते हुए हामी भरी। मुल्ला ने आगे कहा, "आज अमीर ने मुल्ला नसीरुद्दीन को पकड़ने के लिए मुझे एक सोने के सिक्कों की थैली दी है। इसमें आधी थैली आप रख लीजिए और आधी मुझे दे दीजिए, यह मेरे इल्म का मेहनताना है। मैं इसे गरीबों में बाँट दूँगा।"

मौलाना ने चुपचाप सुनते हुए फिर गर्दन हिलाई। मुल्ला ने फिर कहा, "अब आखिरी बात ध्यान से सुन लो, कल सुबह कमरे से निकलकर तुम अमीर को जरूर बता देना कि तुम्हें किसने आराम से कैद में रखा और गुलजान को कौन अमीर के हरम से निकाल ले गया।"

मौलाना आश्चर्य से मुल्ला का चेहरा देख रहा था। मानों पूछ रहा हो कि वो है कौन? उसका नाम क्या है?

मौलाना की जिज्ञासा शान्त करते हुए मुल्ला ने कहा, "नाम है मुल्ला नसीरुद्दीन।"

मुल्ला नसीरुद्दीन का नाम सुनते ही भौंचक्का-सा रह गया। वह घबराया हुआ मुल्ला का चेहरा देखता ही रह गया। फिर बोला, "मेरे माईबाप, आप जैसा कहते हैं वैसा ही होगा।"

साथियों की गिरफ्तारी

इसके बाद मुल्ला ने शाही निवास में कुछ देर और विश्राम किया, फिर अपना जरूरी सामान लेकर निकल पड़ा अनजानी मंजिल की ओर।

मुल्ला अभी कमरे से बाहर निकला ही था कि कुछ दूर से उसके साथी नियाज, अली, लुहार आदि आते हुए दिखाई दिए, उन्हें सिपाहियों ने रस्सियों से बाँध रखा था। बेकसूर साथियों की यह दशा देखकर यह गिरफ्तारी मुल्ला को बहुत कष्टदायी लगी, वह एकदम अँधेरे में वह वहीं कहीं छिप गया।

अब उसने अमीर के निवास से बाहर निकलने का विचार छोड़ दिया, और अपने दोस्तों को अमीर के कठोर दंड से मुक्त कराना अपना पहला कर्तव्य समझा।

अब वह सिपाहियों के साथ-साथ दरबार की ओर जा रहा था वहाँ पहुँचकर उसने कोतवाल से मालूम किया, "इन गरीबों को क्यों पकड़ा गया है?"

"इन सब पर मुल्ला नसीरुद्दीन को पनाह देने का एवं उसकी समय-समय पर सहायता करने के आरोप हैं। इन सबको जल्दी ही सजा-ए-मौत दी जाएगी।" कोतवाल ने कहा। कुछ देर बाद अमीर दरबार में आया। मुल्ला के सभी साथी उसके सामने पेश किए गए।

उनपर जो आरोप थे, उनको सुनकर अमीर ने तुगलकी आदेश दे दिया, "इन्हें इस समय सूली पर चढ़ा दिया जाए, जिससे आगे कोई भी उस मुल्ला नसीरुद्दीन को पनाह देने या अन्य किसी प्रकार की सहायता करने जुर्रत न कर सके।"

फिर अमीर ने कुछ देर रुककर सोचकर हुक्म सुनाया, "अगर इनमें से कोई भी मुल्ला नसीरुद्दीन को पकड़वा दे तो उसकी सजा माफ की जा सकती है।"

कोतवाल ने सब लोगों से पूछा, पर कोई भी मुल्ला को पकड़ने को तैयार नहीं हुआ।

साथियों की मुक्ति के लिए

सारी तैयारियाँ हो चुकी थी, जल्लाद नियाज को सूली के पास ले जा रहा था।

अचानक मुल्ला की आवाज गूँजी, "हुजूर आप से इल्तिजा है कि थोड़ी देर के लिए अपने हुक्म की तामील रुकवा दीजिए, मैं अभी आपके सामने मुल्ला नसीरुद्दीन को पकड़वा दूँगा।"

सभी उसकी ओर देखने लगे, अमीर की भौंहों में बल पड़ गए। पहले तो मुल्ला को घूर कर देखता रहा फिर जल्लादों को रूकने का इशारा किया।

फिर मुल्ला ने बहुत विनम्रता से कहा, "हुजूर, पनाह देने वाले मासूमों को तब तक सजा देने का कोई अधिकार नहीं है, जब तक पनाह देने वालों सरदार को सजा न दी जाए।"

"आप ठीक कहते हैं बताइए कौन है इनका सरदार? क्या आप उसे जानते हैं?"

"हाँ, मैं उसे अच्छी तरह से जानता हूँ लेकिन आप पहले मेरे सवाल का जवाब दीजिए।"

"ठीक है, ऐसे आदमी का तो सिर सबसे पहले काटना चाहिए लेकिन आप उसे मेरे सामने तो लाओ।"

"अगर आप उसे सजा न दे सके तो इन बेगुनाहों की सजा भी माफ कर देंगे?"

"हाँ, मैं वादा करता हूँ कि सरदार को सजा न दे सका तो इन सब लोगों को सजा से मुक्त कर दूँगा।"

तब मुल्ला नसरूद्दीन ने पूरी भीड़ को सम्बोधित करते हुए कहा, "आप सब अमीर का वायदा सून रहे हैं, इस वायदे के मुताबिक ही मैं अब असली अपराधी को पेश कर रहा हूँ।"

इसके बाद मुल्ला नसीरुद्दीन ने अपना मौलाना हुसैन वाला मेकअप उतार दिया और अपने असली भेष में आ गया। तब उसने अमीर से कहा, "ठीक है तो फिर आप ही सूली पर चढ़ जाइए। क्योंकि पिछले दो दिनों से आपने ही मुल्ला नसीरुद्दीन को पनाह दे रखी है।"

यह देखकर सभी दरबारी काठ की पुतली के समान खड़े रह गए, एक-दूसरे की बगलें झाँक रहे थे किसी को भी दूसरे से आँख मिलाने की हिम्मत नहीं थी। अमीर का चेहरा देखने लायक था, गर्दन ऊपर नहीं उठ रही थी। फिर भी उसने अपने सिपाहियों को आदेश दिया, "पकड़ लो इसे, ये भागने न पाए।"

मुल्ला को तत्काल गिरफ्तार कर रस्सियों से बाँध दिया गया।

मुल्ला ने कुछ भी विरोध नहीं किया, वह जोर से बोला, "अमीर आपने वायदा किया है बेगुनाहों को माफ करने का, अगर नहीं करोगो तो?..."

यह देखकर भीड़ में खलबली मच गई, वह बेकाबू होने लगी, चारों ओर से आवाजें आ रही थी,"अमीर अपना वायदा पूरा करो, अपना वायदा पूरा करो।"

अमीर ने अपने दरबारियों की ओर देखा, मंत्री ने आँखों-ही-आँखों में इशारा किया कि तुरन्त मुल्ला नसीरुद्दीन के साथियों को बन्धन से मुक्त कर दिया जाए।

सजा का तरीका

अब असली मौलाना हुसैन को बुलाया गया। फिर इस बात पर विचार शुरू हुआ कि मृत्यु की सजा किस तरीके से दी जाए क्योंकि इससे पहले बगदाद, तुर्की आदि के सुलतानों ने उसे सूली पर चढ़ाने की, सिर को धड़ से अलग करने जैसे तरीके इस्तेमाल किए। पर हर बार मुल्ला अपनी चालाकी से बचकर निकल जाता है। इसलिए अमीर इस बार कोई अचूक तरीका अपनाना चाहता है।

बहुत देर विचार-विमर्श करने के पश्चात् मौलाना हुसैन की राय मान ली गई कि मुल्ला नसीरुद्दीन को शहर के बीच में ही जो तालाब है उसमें डुबोकर मारा जाए। उसमें से निकल भागने की कोई गुंजाइश नहीं है। क्योंकि तालाब के चारों ओर सिपाही रहेंगे।

अमीर को भी यह तरीका पसन्द आया। दरबार बर्खास्त हो गया। अमीर विश्राम करने चला गया।

मौत के तमाशबीन

सबको यह समाचार पता चल गया कि मुल्ला नसीरुद्दीन को आज तालाब में डुबोकर मौत के घाट उतारा जा रहा है। चारों ओर से लोग तालाब की ओर बढ़ने लगे, सिपाहियों ने तालाब को चारों ओर से घेर लिया। अमीर तथा अन्य प्रतिष्ठित लोगों के बैठने के लिए सुन्दर मंच तैयार किया गया। धीरे-धीरे भीड़ एकत्रित हो रही थी। अमीर के आने का भी समय हो गया था। मंच के सामने चार बोरे पड़े थे। एक बोरा और आना था उसकी ही प्रतीक्षा हो रही थी।

आते ही अमीर ने पूछा,"इन बोरों में क्या है?"

"हुजूर, इनमें फटे-पुराने कपड़े हैं, एहतियात के तौर पर मैंने इन्हें सिपाहियों की देखरेख में यहाँ तक भिजवाए गए हैं ताकि अगर कोई मुल्ला को छुड़ाना भी चाहे तो आसानी से यह न जान सके कि मुल्ला किस बोरे में बन्द है। वह बोरा अलग से आ रहा जिसमें मुल्ला नसीरुद्दीन बन्द है।" कोतवाल ने कहा।

सोने के दस हजार सिक्कों का लालच

जिस बोरे में मुल्ला बन्द था, उस बोरे को तीन हट्टे-कट्टे सिपाही कब्रिस्तान वाली सड़क से ही ला रहे थे।

रास्ते में ही बोरे के अन्दर से आवाज आई,"अरे भाई क्या मरने वाले की अन्तिम इच्छा पूरी कर सकते हो?"

"हाँ, हाँ, क्यों नहीं? अवश्य ही पूरी करेंगे। बता तू क्या चाहता है?" सिपाहियों ने पूछा।"

"मुझे खोल दो तो मैं अल्लाह से आखिरी दुआ माँग लूँ।"

"नहीं भाई तुम्हें खोला तो नहीं जा सकता, पर तुम दुआ अवश्य माँग सकते हो।"

"तो चलो मुझे किसी मस्जिद के पास ले चलो।"

"इस समय तो हम लोग मस्जिद के पास ही खड़े हैं।"

"ठीक है तो मेरा मुँह मस्जिद की ओर कर देना।"

"यहाँ तीनों ओर मस्जिद ही है, तू किसी ओर भी मुँह करके दुआ माँग ले।"

मुल्ला ने सिपाहियों को सुना-सुना कर जोर-जोर से दुआ माँगी, या अल्लाह, मेरे पास दस हजार सिक्के हैं, हाँ अल्लाह तू किसी ऐसे आदमी को इस समय मेरे पास भेज दे जो अगले दस साल तक मस्जिद में मेरे नाम की दुआ माँग सके। उसको मैं दस हजार सिक्के दूँगा।

दस हजार सिक्कों की बात सुनकर सिपाही लालच में आ गए। और बोले, "अगर हम तुम्हारा काम कर दें तो हमें दस हजार सिक्के दोगे?"

"हाँ, हाँ, क्यों नहीं। अब मैं तो मर ही जाऊँगा, मेरा धन अगर तुम्हारे काम आ जाए तो इससे अच्छा उपकार का कार्य और क्या हो सकता है।

"लाओ सिक्के निकालो" सिपाहियों ने कहा।

"कब्रिस्तान के पश्चिमी किनारे पर पहली कब्र के किनारे वाले कोने में मेरे 10,000 सिक्के गड़े हैं। उन्हें तुम लोग खोद लो और आपस में बाँट लो।"

इस बात को सुनते ही दो सिपाही तो कब्रिस्तान की ओर बढ़ गए। एक सिपाही मुल्ला की रखवाली करता रहा। जब वह दोनों सिपाही देर तक नहीं लौटे तब तीसरा सिपाही उस ओर ही चला गया। आखिर दस हजार सिक्कों का हिसाब लेना था, एक साथ इतनी रकम उन लोगों ने कभी नहीं देखी थी। यह रकम मिलते ही उनको अमीर की नौकरी या बुखारा में रहने की क्या जरूरत थी।

जादुई बोरे का कमाल

इसी समय उधर से जाफर आ गया, वह भी मुल्ला की मौत का तमाशा देखने तालाब की ओर जा रहा था। रास्ते में चमड़े का बड़ा-सा बोरा देखकर उसके मुँह से निकला,"इतना बड़ा बोरा यहाँ सड़क के बीच क्यों पड़ा है?"

मुल्ला ने जाफर की आवाज पहचान ली वह बोला,"यह अरबी सौदागर का जादुई बोरा है, मैंने इसे चार घंटे के लिए किराए पर लिया है और एक हजार रुपया किराया भी दिया है।

"क्यों भाई, इतना महँगा बोरा लेकिन तुम इसमें क्यों बन्द हो गए हो? तुम कौन हो?"

मैं एक कूबड़ वाला लंगड़ा हूँ, मैं जानबूझकर इस करामाती बोरे में बन्द हुआ हूँ।

इस बोरे मे बन्द होने के कारण मेरे कूबड़ एवं लंगड़ापन दोनों गायब हो गए हैं, अब मैं यह चाहता हूँ कि कोई ऐसा साथी मिल जाए जो इसका आधा किराया दे सके और अपना रोग भी दूर कर ले।

जाफर की मानो मुँह माँगी मुराद मिल गई, पाँच सौ रुपये और दो घंटे में कूबड़ ठीक हो सकता है तो इससे सस्ता सौदा और क्या हो सकता है। यह सोचकर जाफर बोला, ''ठीक है मैं दो घंटे के लिए यह बोरा किराए पर लेता हूँ।''

''लेकिन रुपये पहले ही देने होंगे।''

''ले लेना पहले ही।''

''एक बात और है, बोरे में बन्द होने के बाद जब तुम ठीक होने लगोगे तब तीन आत्माएँ आकर तुमसे बातें करेंगी। कहेंगी कि कब्रिस्तान में सोने के दस हजार सिक्के नहीं हैं। जल्दी बताओ तुमने कहाँ गाड़ रखे हैं। वे कुछ मार-पीट भी कर सकतें हैं, बस तुम्हें उनसे ये कहना होगा कि कब्रिस्तान के पश्चिमी किनारे पर है।''

जाफर जो बहुत प्रसन्न हो रहा था, तुरन्त बोला, ''ठीक है''

समझौता पूरी तरह से हो गया, तब जाफर ने बोरे का मुँह खोला, उसमें से मुल्ला निकला और एक किनारे खड़ा हो गया। तब उसमें जाफर घुस गया तो मुल्ला ने कस कर बोरे का मुँह बन्द कर दिया।

इस बीच वह जाफर से पाँच सौ रुपये लेना नहीं भूला। जाफर को बोरे में बन्द करके मुल्ला कुछ दूरी पर जाकर छिपा रहा। कुछ देर बाद सिपाही आए और वही बात पूछी जो बात मुल्ला ने समझाई थी, जाफर ने भी वही समझाया हुआ जवाब दिया। इस पर सिपाहियों ने उसकी जमकर पिटाई की और उस बोरे को घसीटते हुए तालाब तक ले गए।

सारी बातें मुल्ला के बताए अनुसार ही हो रही थी इसलिए जाफर को यह पक्का विश्वास हो गया था कि अब जल्दी ही उसका कूबड़ ठीक हो जाएगा। लेकिन उसे क्या पता था कि जब शरीर ही नहीं रहेगा तो इलाज किसका होगा। अपने आप ही पाँच सौ रुपये देकर मौत खरीद ली है यह जाफर नहीं जान सका।

जाफर की मौत

तालाब पर बहुत देर की प्रतीक्षा के बाद बोरा पहुँचा। सिपाहियों ने मुल्ला के धोखे में आकर जाफर को तालाब के किनारे लाकर पटक दिया। जब कोतवाल ने देरी का कारण पूछा तो सिपाहियों ने कुछ मनगढंत कहानी गढ़कर बता दी।

मंत्री ने अमीर से मुल्ला को तालाब में धकेलने की इजाजत माँगी तो अमीर ने झट से मुल्ला का काम तमाम करने की इजाजत दे दी और सुख की साँस ली।

जैसे ही मंत्री एवं अमीर की आवाजें जाफर ने सुनी, तब उसे सच्चाई का आभास हो गया कि वह इस बार फिर छला गया है। फिर वह जोर-जोर से अमीर एवं मंत्री की

दुहाई देकर कहने लगा मैं मुल्ला नहीं हूँ, जाफर हूँ। मगर किसी ने भी उसकी बातों पर यकीन नहीं किया। सिपाहियों ने उसे उठाकर बीच तालाब में फैंक दिया।

थोड़ी देर मंत्री एवं अमीर वहीं बैठे रहे फिर यह सोचकर कि अब तो मुल्ला मर चुका है वह सब अपने-अपने निवास पर लौट गए।

अनजाने सफर पर

शाही पलटन के जाते ही मुल्ला के साथी निकल पड़े, सबने मिलकर तालाब से बोरे को बाहर निकाला। मगर उसमे तो जाफर की लाश है देखकर सब आश्चर्य में पड़ गए।

अली ने कहा, ''यह जाफर है तो मुल्ला कहाँ है?''

''मैं यहाँ हूँ'' मुल्ला ने आड़ में से निकलते हुए कहा।

मुल्ला की आवाज सुनते ही गुलजान का चेहरा खिल उठा, जो उसे मरा समझ कर गमगीन-सी एक तरफ को खड़ी थी, वह दौड़कर मुल्ला के सीने से लग गई। फिर उसका चुम्बन लेकर बोली,''अब मुझे छोड़कर कहीं मत जाना''

''नहीं गुलजान मुझे यहाँ से तो जाना ही पड़ेगा, वरना अमीर के आदमी फिर कहीं तुम्हें...।''

''नहीं ऐसा नहीं हो सकता, मैं भी तुम्हारे साथ ही चलूँगी।''

''ठीक है'' यह कहकर मुल्ला ने उसे गले से लगा लिया। सब साथियों ने मिलकर रात के अँधेरे में मुल्ला और गुलजान को बुखारा से अनजान सफर के लिए विदा किया तो उन सभी की आँखों में आँसू थे।

तड़के उठने का फायदा

नसीरुद्दीन बचपन से ही हाजिर जवाब थे, इस मामले में वह अपने पिता की बातों पर भी ज्यादा ध्यान नहीं देते थे। नसीरुद्दीन के बचपन का एक किस्सा है।

उसे देर तक सोने की आदत थी। एक दिन उसके पिता ने कहा, ''नसू, कल से खूब सवेरे उठना और टहलने जाना।''

''क्यों अब्बा? नसीरुद्दीन ने पूछा।''

पिता ने कहा, ''तड़के उठना और टहलने जाना स्वास्थ्य के लिए लाभदायक होता है।''

''सो कैसे, अब्बा?''

''आज मैं उठकर टहलने गया था तो रास्ते में एक मोहरों से भरा थैला मिला''

''अब्बा जिसका वह थैला था वह जरूर आपसे पहले उठा होगा।'' नसीरुद्दीन ने टोका।

समाधान

एक दिन एक दम्पति बदहवास से मुल्ला नसीरुद्दीन के पास आए और बोले, "मुल्ला जी हमारी लड़की पड़ोस के एक लड़के से प्रेम करने लगी है।"

"लड़कियाँ समझदार होती हैं, वे प्रेम करती ही हैं।" मुल्ला ने प्रसन्न होकर कहा।

"लेकिन हम उस लड़के को कतई पसन्द नहीं करते।"

तो दिक्कत क्या है, आप लोग भी सब उसे पसन्द कर लीजिए।"

"आप समझ नहीं रहे हैं मुल्ला, दरअसल वह हमारी जाति का नहीं है।" "आप हमें ऐसा कोई उपाय बताइए कि हमारी बेटी उससे प्रेम करना बन्द कर दे, उसे दिन-रात भला बुरा कहे, उससे नफरत भी करे, उसके नाम से भी उसे चिढ़ होने लगे... ।"

"ये तो बड़ा आसान है।"

"आसान है... ।"

"तो जल्दी बताइए, हमें क्या करना होगा?"

"आप उन दोनों की शादी करवा दीजिए।"

अहा! नसीरुद्दीन

रात बिताने के लिए एक बार नसीरुद्दीन बड़ी-सी सराय में पहुँचे। वहाँ लम्बे कमरे में कई बिस्तर लगे थे। नसीरुद्दीन को शक हुआ कि रात के अँधेरे में इतने लोगों के बीच कहीं खुद को खो न दे। लिहाजा पहचान के लिए अपने घुटने पर एक गुब्बारा बाँध लिया।

रात में पास में सो रहे व्यक्ति को मजाक सूझा तो उसने गुब्बारा खोलकर अपने घुटने में बाँध लिया। सुबह नसीरुद्दीन उठे, पास वाले व्यक्ति को एक क्षण देखा, तपाक से हाथ मिलाया और कहा, "अहा! मैं जानता हूँ आप कौन हैं, आप मुल्ला नसीरुद्दीन हैं। मेहरबानी करके यह बता दें कि मुल्ला नसीरुद्दीन कौन है?"

आगे का पीछे, पीछे का आगे

एक दिन नसीरुद्दीन हमाम में नहाने गए। नौकरों ने कोई भाव नहीं दिया और कोई सेवा भी नहीं की। जब मुल्ला नसीरुद्दीन जाने लगे तो उन्हें दस दीनार की बख्शीश दे दी। नौकर आश्चर्यचकित और खुश हो गए। अगले हफ्ते जब मुल्ला नसीरुद्दीन वापस आए तो खूब आवभगत हुई, सारे नौकर सेवा में लग गए। अबकी बार जाते हुए नसीरुद्दीन ने एक ही दीनार की बख्शीश दी। नौकर चकरा गए और पूछा, "पिछले हफ्ते की अनावश्यक उदारता और इस बार की बेरूखी का कारण क्या है?"

जवाब मिला,"मैंने आज की भी बख्शीश पिछले हफ्ते और पिछले हफ्ते की आज ही दे दी है, ताकि तुम लोग अपने ग्राहकों से ढंग से व्यवहार करना सीख सको।"

पेड़ पर सड़क

कुछ छोकरों को मुल्ला से शरारत करने की सूझी। मुल्ला के जूते बहुत सुन्दर हैं, उन्हें हथियाया जाए। पास ही एक ऊँचा-सा पेड़ था, उसको दिखाते हुए उन लोगों ने मुल्ला साहब से कहा,"वह जो पेड़ देख रहे हैं उसपर किसी के भी चढ़ने की हिम्मत नहीं हो सकती।"

"मेरी है।" कहकर मुल्ला ने जूतों को पैरों से उतारे बिना ही उस पेड़ पर चढ़ना शुरू कर दिया।

उल्टे होते देख लड़कों ने चिल्लाकर कहा, " ओ मुल्ला साहब, इस पेड़ पर आपके जूते किसी काम नहीं आयेंगे।?"

मुल्ला साहब ने पेड़ के ऊपर से जवाब दिया, "पेड़ के ऊपर रास्ता नहीं है यह कौन कह सकता है।"

पालतू बकरा

मुल्ला नसीरुद्दीन के पालतू बकरे पर पड़ोसियों की निगाह रहती थी लेकिन तरह-तरह की तिकड़म करके भी वे लोग उसको हथिया नहीं सकते थे। अन्त में एक दिन उन लोगों ने कहा, ओ मुल्ला साहब बुरी खबर है। कल शायद प्रलय होगी। इस दुनिया की सारी चीजों का नाश हो जाएगा।

"तब तो इस बकरे का भी नाश किया जाए" नसीरुद्दीन ने कहा।

शाम को पड़ोसियों ने दल-बल समेत आकर ठाठ से बकरे का शोरबा खाकर बदन का कुर्ता उतारा और नसीरुद्दीन की ही बैठक में खर्राटे भरकर सोने लगे।

सुबह नींद से उठने पर उन लोगों ने देखा कि उनके कुर्ते गायब हैं।

नसीरुद्दीन ने कहा, "प्रलय ही अगर होगा, तब तो कुर्ते अब किसी काम नहीं आएँगे। भाई मैंने उन सबको आग में जला डाला है।"

मेरी चाबी

मुल्ला नसीरुद्दीन अपने घर के ही बाग में न जाने क्या ढूँढ़ रहा है, कभी कमर खुजलाता है, कभी सिर के बाल, बड़ा बेचैन।

उनकी परेशानी देखकर एक पड़ोसी बोला, "ओ मुल्ला क्या खो गया है?"

"मेरी चाबी।" नसीरुद्दीन ने कहा।

यह सुनकर वह आदमी भी बाग में आकर चाबी ढूँढ़ने लगा। कुछ ढूँढ़ने पर जब चाबी न मिली तो उससे पूछा,"ठीक किस जगह पर रखी थी कुछ याद आ रहा है?"

"हाँ, हाँ पक्की याद है, चाबी तो मैंने अपने कमरे में ही रखी है।

आश्चर्य से, " क्या कहते हो? तो फिर यहाँ क्या ढूँढ़ रहे हो?"

"कमरे में अँधेरा है" नसीरुद्दीन ने कहा।

"जहाँ ढूँढने में सुविधा है वहीं तो ढूँढुँगा।"

कबाब और बिल्ली

मुल्ला नसीरुद्दीन बाजार से एक सेर मांस खरीद कर लाया और अपनी बीबी को देकर कहा, "आज मेरी इच्छा कबाब खाने की है बढ़िया कबाब बनाना।"

बीबी ने कबाब बनाया तो, पर लालच में पड़कर बना-बनाकर खुद ही सारा मांस खा गई। शौहर से तो यह बात कैसे कहती। झूठ बोलना पड़ा। बोली, "बिल्ली खा गई।"

"एक सेर मांस सारा-का-सारा बिल्ली खा गई।"

बिल्ली नजदीक ही थी, नसीरुद्दीन ने उसे तराजू पर चढ़ाकर तौला, उसका वजन निकला ठीक एक सेर।

"अगर यह बिल्ली है, तो मांस कहाँ है? यह मांस है, तो फिर बिल्ली कहाँ है?" नसीरुद्दीन ने कहा।

ज्ञान का विषय

गाँव के लोग मुल्ला नसीरुद्दीन को बहुत प्यार करते थे और उनसे छेड़खानी करने में भी बड़ा मजा लेते थे।

कुछ लोगों ने मुल्ला जी को सलाम बजाकर कहा, "मुल्ला साहब, आपको इतना ज्ञान है कि एक दिन मस्जिद में आकर आप हमें ज्ञान की बातें बताइए न।"

नसीरुद्दीन फौरन राजी हो गया।

नसीरुद्दीन दिन तय करके ठीक समय मस्जिद में हाजिर हो गया और उपस्थित सभी व्यक्ति को सलाम करके कहा, "भाइयों, अच्छा बताओ तो मैं देखूँ कि तुम सभी को अब कौन-सा विषय बताने जा रहा हूँ।,

सभी बोल उठे,"जी यह तो हम भी नहीं जानते।"

मुल्ला बोला, "यह भी अगर तुम लोग नहीं जानते हो तो फिर भला मैं क्या कहूँगा। जिन्हें बताऊँगा वे लोग इतने नासमझ हैं तो काम कैसे चलेगा?"

यह कहकर नसीरुद्दीन गुस्से के कारण जोर-जोर से बोलते हुए पैर पटक-पटककर चलते हुए सीधे मस्जिद से बाहर चला गया।

पर गाँव के लोग कब पीछा छोड़ने वाले थे। वे फिर उनके घर पर पहुँच गए।

"जी, अगले शुक्रवार को आपको एक बार फिर आना ही होगा मस्जिद में।"

नसरुद्द्रीन गया और फिर उसी पहले दिन वाले प्रश्न से ही शुरू किया। अबकी बार सब लोग एक साथ बोल उठे,''जी हाँ, हम जानते हैं।''

''सभी जान चुके हो? तब तो फिर मुझे कुछ कहना ही नहीं है'' यह कहकर नसीरुद्दीन फिर घर लौट गया। गाँव के लोगों ने आज भी नहीं छोड़ा अगले शुक्रवार को नसीरुद्दीन ने फिर मस्जिद में जाकर वही अपना बँधा-बँधाया प्रश्न किया। इस बार मुल्ला को और बक्सने वाले नहीं थे। गाँव के लोग इसलिए आधे ने कहा जानते हैं, आधे ने कहा हम नहीं जानते हैं।

''अच्छी बात है, तो फिर जानने वाले बताएँ और न जानने वाले सुनें।'' यह कहकर नसीरुद्दीन ने फिर घर की राह ली।

सुख का अहसास

नसीरुद्दीन ने एक आदमी को मुँह लटकाए रास्ते के किनारे बैठा देखा तो पूछा कि उसे क्या हो गया है। वह आदमी बोला, ''मेरा जीवन दुःखमय हो गया है मुल्ला साहब। हाथ में कुछ पैसा था उसी को लेकर देश घूमने निकला हूँ, बशर्तें किसी सुख का पता मिले।''

उस आदमी की बगल में उसकी गठरी में कुछ सामान रखा था। उसकी बात खत्म होने के साथ ही नसीरुद्दीन उसके सामान की गठरी को लेकर तेजी से भागा। वह आदमी भी उसके पीछे भागा लेकिन किसकी मजाल कि नसीरुद्दीन को पकड़ सके। देखते-देखते वह रास्ता छोड़कर जंगल में घुसकर एक-दो-तीन हो गया। इस तरह उस आदमी को चकमा देकर कुछ मिनट बाद मुख्य रास्ते पर लौटा और गठरी को रास्ते के बीचोंबीच रखकर एक पेड़ की आड़ में छिपा रहा। इधर वह आदमी भी कुछ देर बाद आ हाजिर हुआ।

वह अभी पहले से भी दस गुना ज्यादा उदास दिख रहा था। मगर रास्ते में अपनी गठरी को पड़ी हुई देखकर वह आनन्द से विभोर होकर उस पर टूट पड़ा।

पेड़ की आड़ से नसीरुद्दीन ने कहा, ''दुःखी को सुख का अहसास करा देने का यह भी एक सरल उपाय है।''

भाई को चिट्ठी

यह सही है कि नसीरुद्दीन पढ़ाई-लिखाई ज्यादा नहीं जानता है लेकिन उसके गाँव में ऐसे भी बहुत से लोग हैं जिनकी विद्या उससे भी बहुत कम है। उन्हीं में से एक आदमी ने नसीरुद्दीन से अपने भाई की एक चिट्ठी लिखवाई। जब पत्र पूरा लिखा जा चुका तब उसने कहा, ''मुल्ला साहब, क्या लिखा आपने? एक बार उसे पढ़ दीजिए, कहीं कुछ छूट गया हो।''

नसीरुद्दीन 'प्रिय भाई मेरे' तक पढ़कर रुक गया और बोला, 'अगला शब्द', 'बख्शा' है या 'गरमी' या 'बकरा' यह ठीक से समझ में नहीं आ रहा है।'

"यह आप क्या कह रहे हैं मुल्ला साहब? आपकी लिखी हुई चिट्ठी आप ही नहीं पढ़ सकते तो दूसरा उसे कैसे पढ़ेगा?"

"सो मैं क्या जानूँ?" नसीरुद्दीन ने कहा, "तुमने मुझे लिखने को कहा था, मैंने लिख दी, उसे पढ़ना भी क्या मेरा ही काम है।"

उस आदमी ने कुछ देर सोचा और सिर हिलाकर बोला, "यह तो आपने सही कहा। और यह चिट्ठी तो आपको नहीं लिखी गई है। अतः आप नहीं पढ़ सके तो भला हर्ज क्या है?"

"सही बात है।" कहा नसीरुद्दीन ने।

दो चोर

एक दिन दो आदमियों के कदमों की आहट सुनकर मुल्ला नसीरुद्दीन डर के कारण एक अलमारी के अन्दर छिप गया।

वे दोनों आदमी चोर थे। उसके घर के सन्दूक व गठरी सभी कुछ खोल रहे थे, साथ ही अलमारी को भी खोला तो देखा उसमें मुल्ला साहब दुबके बैठे हुए हैं।

"क्या हुआ मुल्ला साहब, आप छिपे क्यों हैं?"

"शर्म के मारे।" नसीरुद्दीन ने कहा।

"मेरे घर में तुम लोगों के ले जाने लायक कुछ भी नहीं है, इसलिए शर्म से मुँह नहीं दिखा पा रहा हूँ, मेरे भाई।"

शॉर्टकट

नसीरुद्दीन जिस रास्ते जा रहा था, उसी की बगल में फूलों से भरा बगीचा देखा तो उसी के अन्दर जा घुसा। पकृति की शोभा का आनन्द भी लिया जाएगा और शॉर्टकट भी होगा।

कुछ दूर अन्दर जाते ही नसीरुद्दीन एक गड्ढ़े में गिरा और गिरते ही उसके मन में एक विचार आया।

"सौभाग्य से मैं रास्ता छोड़कर जंगल में घुसा था।" नसीरुद्दीन ने सोचा।

"ऐसे मनोरम प्राकृतिक वातावरण में यदि ऐसी ही मुसीबत छिपी हुई है तो पता नहीं, धूल कीचड़ भरे रास्ते में कितना परेशान होना पड़ता।"

भालू का शिकार

राजा ने एक दिन नसीरुद्दीन को बुलाकर कहा, ''जंगल जाकर भालू मारकर लाओ।''

नसीरुद्दीन राजा का आदेश मानने को मजबूर था। आखिरकार उसे जंगल जाना ही पड़ा।

जब वह जंगल से वापिस लौटा तो एक आदमी ने उससे पूछा, ''कैसा हुआ शिकार मुल्ला साहब?''

''कमाल का'' कहा नसीरुद्दीन ने।

''कितने भालू मारे आपने?''

''एक भी नहीं।''

''अच्छा! कितने का पीछा किया?''

''एक का भी नहीं।''

''यह क्या कहते हैं आप? कितने देखे?''

''एक भी नहीं।''

''तो फिर कमाल किस प्रकार हुआ?''

''मैं भालू का शिकार करने गया और मुझे भालू दिखाई ही नहीं पड़ा, इससे बड़ा कमाल क्या हो सकता है? भालू तो मेरे नाम से डरकर भाग गया।''

अनपढ़ का पत्र

एक किसान ने नसीरुद्दीन के पास जाकर कहा, ''घर चिट्ठी भेजनी है मुल्ला साहब। मेहरबानी करके अगर आप लिख दें तो...''

नसीरुद्दीन ने सिर हिलाया, ''मैं चिट्ठी नहीं लिखूँगा।''

''क्यों मुल्ला साहब?''

''मेरे पाँव में चोट लगी है।''

''उससे क्या होगा मुल्ला साहब?''

किसान ने आश्चर्य के साथ पूछा, ''पाँव के साथ चिट्ठी का क्या सम्बन्ध है?''

नसीरुद्दीन ने कहा, ''मेरे हाथ की लिखावट कोई पढ़ नहीं सकता। इसीलिए चिट्ठी के साथ मुझे भी जाना पड़ेगा उस चिट्ठी को पढ़ने के लिए। सुनो तो सही चोट लगे पाँव से मैं जाऊँगा कैसे?''

इसके आगे वह कुछ बोल न सका चुपचाप अपने घर चला गया।

खुशबू वाला पुलाव

एक धनी के घर में कुछ लोगों का भोज था। यह समाचार नसीरुद्दीन को भी पता चल गया। वह वहाँ जाकर हाजिर हुआ।

कमरे के बीचोंबीच मेज के ऊपर लुभावना, जायकेदार खाना सजाया जा रहा था। चाँदी-सोने के बर्तनों में सब समान रखा था। मेज के चारों ओर कुर्सियाँ थी, उन पर बैठे हुए थे अमीर-उमराव।

नसीरुद्दीन उनकी ओर बढ़ा तो नौकर ने उसकी मामूली-सी पोशाक देखकर उसे कमरे के एक कोने में धकेल दिया। नसीरुद्दीन ने सोचा कि यहाँ तक खाना आने में सारी रात जाएगी। और समय बर्बाद किए बिना उसने सीधे घर वापिस आकर अपने दादाजी का सन्दूक खोला। उनका चमकदार चोगा और हीरे-मोती जड़ित शानदार पगड़ी निकाली और फिर भोजन वाले घर में लौट आया।

अबकी बार नौकर ने उसे बिलकुल खास मेज पर बिठा दिया और बैठते ही नसीरुद्दीन के सामने हाजिर हुआ, भीनी-भीनी खुशबू वाला पुलाव का बर्तन। नसीरुद्दीन ने पहले बर्तन से थोड़ा-सा पुलाव उठाकर अपने चोगे और पगड़ी को खिलाया(लगाया)। बगल में एक अमीर बैठा था, वह आश्चर्य के साथ बोला, "जनाब, जिस तरह आप खाद्य-सामग्री का इस्तेमाल कर रहे हैं उसे देखकर मेरे अंदर कौतुहल जागा है। इस प्रक्रिया का अर्थ जानकर मैं आपका आभारी रहूँगा।"

"अर्थ तो बहुत ही आसान है।" कहा नसीरुद्दीन ने।

"इन्हीं चोगे और पगड़ी की बदौलत मेरे सामने यह भोग का बर्तन है। इनका हिस्सा दिए बिना मैं अकेले खाऊँ ऐसा कहीं हो सकता है?"

बंशी वाली मछली

नसीरुद्दीन ने भारतवर्ष में आकर एक साधु का दर्शन न पाया तो सोचा, "मुझ जैसे ज्ञान-पिपासु व्यक्ति के लिए साधु का दर्शन न पाना दुभार्ग्य की बात है। इनसे परिचय किए बिना अब काम नहीं चलेगा।"

इस कारण नसीरुद्दीन साधु से मिला, पूछा तो उन्होंने कहा कि वे एक योगी हैं, ईश्वर के बनाए जितने प्राणी हैं, सबकी सेवा करना ही मेरा धर्म है।

नसीरुद्दीन ने कहा, "ईश्वर की बनाई एक मछली ने एक बार मुझे मौत के मुँह से बचाया था।"

यह बात सुनकर योगी ने खुशी से बाग-बाग होकर कहा, "मैं इतने लम्बे अरसे से प्राणियों की सेवा करके भी उनका इतना अंतरंग नहीं हो सका हूँ। एक मछली ने आपकी जान बचाई थी, यह सुन मुझे रोमांच हो रहा है यह देखिए मेरे शरीर को। आप मेरे साथ नहीं रहिएगा तो कौन रहेगा?"

नसीरुद्दीन ने योगी के साथ रहकर योग की कई तरह की क्रियाएँ सीखी। अन्त में एक दिन योगी से न रहा गया उसका धैर्य जवाब दे चुका था। अब आप कृपा करके उस मछली की कहानी सुनाइए।"

"तो आप मछली की कहानी सुनेंगे ही?"

"हे गुरु!" योगी ने कहा।

"हाँ मैं सुनने को तैयार हूँ।"

"तो सुनिए" कहा नसीरुद्दीन ने।

"एक दिन भोजन के अभाव में मेरे प्राण जाने वाले थे तभी मेरी बंशी में एक मछली फँसी थी, मैंने उसे तलकर खाया था तब कही जाकर मेरी जान बची।"

बत्तख के दोस्त

एक बार एक गोताखोर ने आकर नसीरुद्दीन को एक बत्तख उपहार में दी। नसीरुद्दीन ने बहुत खुश होकर उसका मांस बनाकर गोताखोर को खिलाया।

कुछेक दिन बाद मुल्ला साहब के पास एक आदमी आकर बोला, "आपको जिन्होंने बत्तख दी थी मैं उनका दोस्त हूँ। नसीरुद्दीन ने उसे भी मांस खिलाया।

इसके बाद और एक दिन एक आदमी ने आकर कहा, "आपको जिसने बत्तख दी थी मैं उसके दोस्त का दोस्त हूँ।" मुल्ला साहब ने उसे भी खिलाया।

इसके बाद फिर एक दिन बाद दरवाजे पर दस्तक पड़ी,"आप कौन हैं?" दरवाजा खोलकर पूछा नसीरुद्दीन ने।

"जी मुल्ला साहब जिन्होंने आपको बत्तख दी थी, मैं उनके दोस्त के दोस्त का दोस्त हूँ।"

"अन्दर आइए, खाना तैयार है।" कहा नसीरुद्दीन ने।

अतिथि ने मांस के शोरबे से पुलाव को सानकर मुँह में डाला तो भौंहों पर बल डालकर पूछा, "यह किस चीज का मांस हैं मुल्ला साहब?"

"बत्तख के दोस्त के दोस्त का दोस्त।" कहा मुल्ला नसीरुद्दीन ने।

चोंगे के अन्दर मुल्ला

बगदाद के खलीफा के घर एक बड़ा भोज होने वाला था। तीन हजार अमीर -उमरावों को निमंत्रण किया गया था। संयोगवश नसीरुद्दीन भी उसी दल में पड़ गया था।

खलीफा के घर में भोज आसान बात नहीं थी। अतिथियों का सत्कार करने में खलीफा का जोर नहीं था सारी दुनिया में। उसका बावर्ची भी एक किंवदंतियों का नायक था। उसके बनाए खाने का जैसा स्वाद था वैसी ही गन्ध थी, वैसी ही उसकी सूरत भी थी।

सारा खाना खाने के अन्त में बहुत बड़े बर्तनों में आया एक मोर। देखकर लगता था यह मोर जिन्दा है। यद्यपि वह भुना हुआ मोर था। पंख, चोंच, पंख सभी कुछ उसके सही सलामत था। पर हर चीज बनाई गई थी, रंग-बिरंगी उपादेय खाद्य-सामग्री से।

निमंत्रित लोग मुग्ध विस्मय से निहार रहे थे पाक कला के इस अपूर्व नमूने की ओर। खाने की बात जैसे कोई सोच ही न रहा हो।

नसीरुद्दीन की भूख अभी नहीं मिटी थी। कुछ देर तक रंग-ढंग देखकर उससे न रहा गया तो बोल ही उठा, ''यह विचित्र प्राणी हमें खाए, इसके पहले हम ही इसे खा जाएँ।''

बीमार मालिक

नसीरुद्दीन एक घर में नौकर का काम करता था। मालिक ने उसे एक दिन अपने पास बुलाया और कहा, ''तुम बेकार में समय क्यों खराब करते हो भाई? तीन अंडे लेने के लिए कोई तीन बार बाजार जाता है क्या?, आगे से एक बार में सारा काम निपटाकर आना।''

अचानक एक दिन मालिक बीमार पड़ गया था, उसने नसीरुद्दीन को बुलाकर कहा, ''हकीम को बुलाओ।''

नसीरुद्दीन गया तो लेकिन बहुत देरी के बाद लौटा, साथ में बहुत से लोगों की भीड़ साथ में लेकर आया।

मालिक ने पूछा,''हकीम कहाँ है?''

''वह है, (हकीम की तरफ इशारा करते हुए) उसके साथ और भी काम के लोग हैं'' नसीरुद्दीन ने कहा।

''और भी काम के लोग क्यों हैं?''

''जी, हकीम साहब अगर पुल्सिस देने के लिए कहें, तो उसके लिए भी आदमी साथ ही ले आया हूँ। पानी गर्म करने के लिए कोयला चाहिए कोयला भी आ गया है। आपकी साँस उखड़ने पर कुरान पढ़ने के लिए भी आदमी चाहिए और आपके मरने पर लाश उठाने के लिए भी तो बहुत आदमी चाहिए। इसलिए, काम के लोग साथ लाया हूँ।''

मुर्गी का अंडा

नसीरुद्दीन थैले में सारे अंडे छिपाकर परदेश जा रहा था। सीमा पर पहुँचा तो चुंगी विभाग के आदमी ने उसे पकड़ा। नसीरुद्दीन यह पहले से ही जानता था कि अंडा बाहर भेजना मना है।

''झूठ बोलने पर मौत की सजा मिलेगी।'' कहा चुंगी विभाग के आदमी ने।

"तुम्हारे थैले में क्या है बताओ?"

"प्राथमिक अवस्था की कुछ मुर्गियाँ।" कहा नसीरुद्दीन ने।

"हूँ! मुर्गी बाहर भेजना मना है मैं इस बारे में कुछ नहीं जानता, इस बात की खोज खबर लेनी होगी, इसके बाद ही इस मामले का फैसला होगा। तब तक यह फैसला हमारे जिम्मे। डरो नहीं, तुम्हारी मुर्गियाँ भूखी नहीं रखेंगे।"

"मगर मेरी मुर्गियों की जात तो अन्य मुर्गियों से अलग है।" नसीरुद्दीन ने कहा।

"कैसे?"

"आप लोगों ने सुना होगा कि अवहेलना के चलते मुर्गियों में समय से पहले बुढ़ापा आ जाता है।"

"हाँ, हाँ, यह तो हमने भी सुना है।"

"मेरी मुर्गियों की अवहेलना करने पर वे समय से पहले ही शिशु हो जाती है।"

"शिशु का मतलब...?"

"बिलकुल शिशु..." कहा नसीरुद्दीन ने।

"जिससे सबकी भाषा में अंडा कहते हैं।" समझे आप।

चोंगा

मुल्ला मस्जिद में नवाज पढ़ने जाकर बैठा ही था कि उसके चोंगे की तनिक उढंग देखकर उसके पीछे बैठे आदमी ने जरा-सा नीचे खींचकर ठीक कर दिया। मुल्ला ने भी फौरन अपने आगे बैठे हुए आदमी के चोंगे को पकड़कर नीचे की तरफ खींच दिया। उससे उस आदमी ने पीछे मुड़कर आँखें लाल करके कहा, "यह क्या हो रहा है, मुल्ला?"

मुल्ला ने फौरन कहा, "इस सवाल का जवाब तो मेरे पीछे बैठा आदमी ही दे सकता है।"

चोरी की पकड़

नसीरुद्दीन मौका पाकर एक आदमी के सब्जियों के बाग में घुस गया था और सामने जो कुछ आता गया उसे अपने थैले में भरना शुरू कर दिया।

मालिक को कुछ आहट सुनाई दी तो वह भी वहीं पहुँच गया। नसीरुद्दीन को ऐसा करता देख वह बदहवास होकर उसकी ओर भागा और जाकर बोला, "बात क्या है?"

नसीरुद्दीन ने कहा, "आँधी मुझे यहाँ उड़ा ले आई है।"

"और खेत की सब्जियों को किसने उखाड़ डाला।"

"उड़ते वक्त मैंने उन्हें पकड़ा, तब ही इन्हें बचा पाया।"

"और सब्जियाँ थैले के अन्दर कैसे गई?"

"बस इसी प्रश्न ने तो मुझे भी चिन्ता में डाल दिया था, उसी समय आप यहाँ आ धमके।"

चश्मा

नसीरुद्दीन आज बहुत दिनों के बाद सुख की नींद सो रहा था। गहरी नींद में ही उसकी बीबी ने जोर से आवाज लगाई और पूछा, "बात क्या है?"

चश्मा पहने क्यों सो रहे हो?

मुल्ला ने नया चश्मा लिया था। खफा होकर बोला, "चालीसवाँ लग चुका है, आँखें कमजोर हो गई हैं, चश्मे बिना सपना कैसे देखूँगा? समझी।"

चाबुकों की बख्शीश

राजा ने अपने दरबार में एलान किया कि अच्छी खबर देने वाले को बख्शीश दी जाएगी।

यही सूचना राजा के चपरासी ने नसीरुद्दीन को सुना दी।

अब नसीरुद्दीन को राजा के सामने एक अच्छी खबर पेश करनी थी इसलिए वह तरकीबें लड़ाकर राजसभा में हाजिर हुआ।

अब राजा खबर सुनकर बहुत खुश हुआ और कहा, "क्या बख्शीश चाहते हो, कहो?"

"पचास चाबुक।" कहा नसीरुद्दीन ने।

राजा तो अवाक्! लेकिन नसीरुद्दीन मसखरी नहीं कर रहा था, यह उसका मुँह देखते ही समझ में आ जाता है। हुक्म हुआ, पचास चाबुक मारे जाने का। पच्चीस चाबुक खाने के बाद नसीरुद्दीन ने कहा, "रुको।"

चाबुक पड़ना बन्द हुआ।

"बाकी पच्चीस चाबुक खाएगा मेरा हिस्सेदार..." कहा नसीरुद्दीन ने।

"राजा के चपरासी ने मुझसे शर्त लगाई थी कि अच्छी खबर पाकर राजा जो भी बख्शीश देंगे उसमें आधा हिस्सा मुझे देना होगा।"

भुना बैंगन

राजदरबार में मुल्ला नसीरुद्दीन की बहुत ही कद्र थी।

एक दिन राजा को बहुत भूख लगी थी, सो राजा ने तला हुआ बैंगन खाया और खुश होकर नसीरुद्दीन से कहा, "बैंगन जैसा स्वादिष्ट भोजन दूसरा है क्या?"

"बैंगन का जवाब नहीं।" कहा नसीरुद्दीन ने।

राजा ने हुक्म दिया, "आज से मैं रोज बैंगन खाऊँगा।"

उसके बाद पाँच दिन दोनों समय बैंगन खाकर छठे दिन राजा एकाएक बिदक बैठा। खानसामे को बुलाकर कहा, "दूर कर दे मेरे सामने से, इस तले हुए बैंगन को!"

"हाँ, हाँ बैंगन अच्छा भोजन नहीं है।" हामी भरकर नसीरुद्दीन ने कहा।

राजा यह बात सुनकर बड़े आश्चर्य में पड़ गया और कहा, "यह तुम क्या कहते हो मुल्ला? तुमने तो उस दिन कहा था कि बैंगन का जवाब नहीं!"

"मैं आपका मुसाहब हूँ, जहाँपनाह, बैंगन का तो नहीं।" कहा नसीरुद्दीन ने।

शोरबा

नसीरुद्दीन की बीबी बहुत तेज-तर्रार थी। एक दिन बहुत स्वादिष्ट खुशबूदार शोरबा बनाया और खौलता हुआ शोरबा लाकर शौहर के सामने रखा, उसकी जीभ जलाकर उसे शिकस्त देने के ख्याल से लेकिन गलती से खुद उसी ने एक घूँट भर ली। नतीजतन उसकी आँखों में आँसू आ गए।

नसीरुद्दीन ने उसकी आँखों में आँसू देखे, तो पूछा, "क्या हुआ? तुम रो रही हो क्या?"

बीबी बोली, "माँ ने मरने के ठीक पहले शोरबा पिया था, अहा! वही बात याद आ गई।"

अबकी बार नसीरुद्दीन ने भी शोरबे का घूँट पिया था और उसके फलस्वरूप उसकी भी आँखों में आँसू आ गए।

"यह क्या? तुम भी रो रहे हो क्या?"

पूछा बीबी ने।

नसीरुद्दीन ने कहा, "तुम्हें जिन्दा छोड़कर तुम्हारी माँ मरी, यह खुशी की बात है या दुःख की।"

रात का चाँद

नसीरुद्दीन ने मस्जिद में बैठकर गम्भीर रूप से टिप्पणी की, "सूरज से चाँद की उपयोगिता बहुत अधिक है।"

"क्यों मुल्ला साहब?" अचरज में पड़कर प्रश्न किया सभी ने।

"चाँद रोशनी देता है रात को।"

कहा नसीरुद्दीन ने।

"दिन में रोशनी की जरूरत ही क्या है, सुनूँ तो सही?"

कर्ज

नसीरुद्दीन ने अपने एक पड़ोसी के पास जाकर हाथ फैलाया। "एक गरीब अपना कर्ज चुका नहीं पा रहा। उसकी मदद में अगर कुछ कर दे दो...।"

पड़ोसी का मन उदार था, उसने खुश होकर उसके हाथ में एक रुपया दिया और कहा, "अहा बेचारा! यह कर्ज में डूबा, अभागा कौन है, मुल्ला साहब?

"मैं हूँ।" कह कर नसीरुद्दीन हवा हो गया। कुछ दिन बाद नसीरुद्दीन ने फिर उसी पड़ोसी के पास आकर हाथ फैलाया। पड़ोसी एक बार ठगा जाकर अब कुछ समझदार हो गया था। कहा,"समझा! कर्जदार इस बार भी तुम्ही हो न?"

"जी नहीं। विश्वास कीजिए। इस बार सचमुच कर्जदार मैं नहीं हूँ।"

पड़ोसी का मन फिर पसीजा।

नसीरुद्दीन के हाथ में रुपया देकर कहा, "इस बार किसका दुःख दूर करने जा रहे हो मुल्ला?"

"जी अपना।"

"कैसे?"

"जी यह नाचीज इस बार लेनदार है।"

नमक का दूध

नसीरुद्दीन अपने एक दोस्त को लेकर सराय में घुसा था, दूध पीने के खयाल से। पैसे कुछ कम थे, इसलिए एक गिलास दूध को दोनों आधा-आधा बाँटकर पीते।

दोस्त ने कहा, "तुम पहले पी लो अपना आधा दूध, बाकी मैं बाद में चीनी डालकर पिऊँगा।"

"चीनी पहले ही डाल लो न भाई।" नसीरुद्दीन ने कहा।

"तब दोनों के हिस्से का दूध मीठा हो जाएगा।"

दोस्त ने सिर हिलाया, "आधे गिलास दूध के लायक चीनी है मेरे पास बस।"

नसीरुद्दीन सराय के मालिक से मुलाकात करके थोड़ा-सा नमक ले आया।

"ठीक है।" उसने कहा दोस्त से, लो यह नमक डाला मैंने दूध में। आधा नमकीन दूध पिऊँगा, बाकी आधा मीठा दूध तुम पीना।"

युद्ध

सराय में कई सैनिक आए थे। वे लोग युद्ध के मैदान की अपनी-अपनी वीरता की बड़ाई कर रहे थे। एक ने कहा, "हाथ में नंगी तलवार लिए इतनी तेजी से दौड़ा मैं दुश्मनों की ओर कि वे बिलकुल तितर-बितर हो गए। किसकी मजाल जो मुझे रोक सके।"

सभी ने ये बात सुनकर समवेत स्वर में शाबासी दी। नसीरुद्दीन ने भी एक युद्ध में भाग लिया था। उसने कहा, "तुम्हारी बात सुनकर आज मुझे भी अपने युद्ध की एक घटना याद आ गई। मैंने दुश्मन का एक पैर काटा था तलवार के एक वार से ही।"

यह सुनकर एक वरिष्ठ योद्धा ने कहा, "वही तो गलती हो गई। काटना चाहिए था सिर को और काट दिया पैर को।"

"सिर था ही नहीं, भला मैं काटता कहाँ से?" नसीरुद्दीन ने कहा।

रस्सी

एक पड़ोसी मुल्ला साहब के पास रस्सी माँगने आया था।

"नहीं मिलेगी रस्सी।" कहा नसीरुद्दीन ने।

"क्यों मुल्ला साहब?"

"रस्सी काम में आ रही है।"

"पर रस्सी तो आज कई दिनों से एक ही जगह पड़ी हुई है, मुल्ला साहब।"

"यही काम है।"

पड़ोसी ने फिर भी आशा नहीं छोड़ी। कहा, "कितने दिन और चलेगा काम, मुल्ला साहब?"

"जितने दिन भी मैं ऐसा न सोचूँ, कि उसे तुम्हें देना जरूरी है।" कहा मुल्ला नसीरुद्दीन ने।

पोशाक

नसीरुद्दीन अपने पुराने दोस्त जमाल साहब से मिलकर भारी खुश हुआ। कहा, "चलो दोस्त, मोहल्ले में घूम आएँ।"

"अपनी इस मामूली-सी पोशाक में मैं लोगों से मिलने नहीं जा सकूँगा।" कहा जमाल साहब ने। नसीरुद्दीन ने उसे एक भड़कीली पोशाक दी।

पहले मकान में जाकर नसीरुद्दीन ने गृहस्वामी से कहा, "ये हैं मेरे विशिष्ट दोस्त जमाल साहब। इनकी पोशाक असल में मेरी है।"

मिलकर बाहर आए तो जमाल साहब ने कुछ रुष्ट होकर कहा, "तुम्हारी कैसी अक्ल है जी! यह पोशाक जो तुम्हारी है, यह बिना कहे क्या काम नहीं चल सकता?"

दूसरे मकान में जाकर नसीरुद्दीन ने कहा, "जमाल साहब ये मेरे पुराने दोस्त हैं। इन्होंने जो पोशाक पहनी है वह... लेकिन... उनकी अपनी ही है।"

जमाल साहब फिर खफा हुए। बाहर आए तो बोले, "झूठ कहने को किसने कहा था आपसे?"

"क्यों? तुमने जैसा कहा मैंने वैसा ही तो कहा।" कहा नसरुदद्दीन ने।

“नहीं!”

बोले जमाल साहब,“पोशाक वाली बात ही न कहें तो ज्यादा अच्छा है।”

तीसरे मकान में जाकर नसीरुद्दीन ने कहा, “मैं अपने पुराने जमाल साहब से आपका परिचय करा दूँ। उन्होंने जो पोशाक पहनी है, उसकी बात न करना ही अच्छा है।”

धैर्य

नसीरुद्दीन को नया चोंगा बनवाने का शौक चढ़ गया। इसलिए पैसा इकट्ठा करके दर्जी की दुकान में गया फरमाइश देने। दर्जी ने माप लेकर कहा, “अल्लाह करे तो एक सप्ताह भीतर आपको चोंगा मिल जाएगा।”

नसीरुद्दीन ने एक सप्ताह किसी तरह धैर्य धारण किया, उसके बाद फिर गया दर्जी की दुकान में।

“थोड़ी-सी दिक्कत थी मुल्ला साहब...अल्लाह करे तो कल आपको अवश्य ही चोंगा मिल जाएगा।” कहा दर्जी ने।

अगले दिन जाकर भी नसीरुद्दीन हताश हुआ।

“माफ कीजिए, मुल्ला साहब, एक दिन और मुझे समय दीजिए। अल्लाह करे तो कल सुबह आपको अपना चोंगा जरूर रेडी मिलेगा।” दर्जी ने कहा

नसीरुद्दीन ने इस बार कहा, “अल्लाह के किए बिना तुम्हारे करने पर चोंगा कब मिलेगा, यह मैं जान सकता हूँ क्या?”

अमरूद का शौक

मुल्ला नसीरुद्दीन को कुछ दिनों से अमरूद का शौक चढ़ गया। उनकी बीबी को तो उनका कोई शौक भी अच्छा नहीं लगता था। वह बच्चों के साथ बैठकर मुल्ला की हँसी उड़ाया करती थी। गाली भी देती थी।

उसने एक दिन अपने बड़े बेटे से कहा, “जा आज अब्बा के लिए अमरूद ले आ”

वह बोला, “ ना-ना, वह अपने आप ले आएंगे अमरूद-वमरूद।

दूसरे दिन अपने छोटे बेटे से कहा, “बेटा अब्बाजान के लिए अमरूद ले आ। वह बोला कि आजकल हर ठेले वाले पर मोबाइल फोन है, फोन कर दो वह अपने आप दे जाया करेगा। रोज-रोज का अमरूद का चक्कर। छोटा बेटा ज्यादा आधुनिक किस्म का था। फैशनेबल व शौकीन मिजाज।

उनकी बीबी तो हफ्ते भर के लिए इकट्ठे अमरूद लाकर रख लेती। जो गल जाता उसी में से आधा साफ करती और रख देती।

मुल्ला जी को पता ही नहीं चलता यहाँ क्या हो रहा है।

बहुत दिनों बाद मुल्ला जी को आँखें खुली तो आश्चर्य में अपने सीधेपन पर हँसे। फिर हमेशा के लिए सचेत हो गए।

घड़ा

मुल्ला ने एक छोकरे को मिट्टी का घड़ा देकर कुएँ से पानी भरने भेजा, "देखना घड़े को कही फोड़ मत देना।" यह कहकर उसने उस छोकरे के गाल पर एक थप्पड़ मार दिया।

दूर खड़ा एक राहगीर यह घटना देख कर बोला,"घड़ा तो अभी फूटा ही नहीं है फिर आपने उसे चाँटा क्यों मारा, मुल्ला साहब?"

"तुम्हारी जो बुद्धि है।" कहा नसरूदीन ने।

"घड़ा फूटने के बाद चाँटा मारने पर क्या घड़ा जुड़ जाता है?"

विचित्र जीव

एक वरिष्ठ दार्शनिक सराय में बैठकर खेद प्रकट कर रहा था,"विचित्र जीव है मनुष्य। किसी भी चीज से उसे तृप्ति नहीं होती। जाड़े में वह कहता है कि मैं ठंड से मरा जा रहा हूँ और गर्मी में कहता कि गर्मी से प्राण निकले जा रहे हैं।"

सभी ने इस बात की हाँ में हाँ भरी कि यह बात ठीक है।

"बसंत के विरुद्ध जिसको शिकायत है वह भी हाथ उठाए।" नसीरुद्दीन ने कहा।

चोर

नसीरुद्दीन और उसकी बीबी एक दिन कहीं घूमने गए थे, घर वापिस आने पर देखा कि चोर घर की सभी चीजों को तहस-नहस कर गया है। बीबी तो गुस्से से आग बगूला हो गई। बोली, "यह सब तुम्हारा ही दोष है। तुमने मुख्य दरवाजे में ताला नहीं लगाया था, इसलिए घर की यह दशा हुई है।"

पड़ोसियों ने भी वह सुर अलापना शुरू कर दिया। एक ने कहा, "चोर आ सकता है, यह पहले ही समझ लेना चाहिए था।"

"क्या मुसीबत है।" कहा नसीरुद्दीन ने।

देखता हूँ, तुम लोगों ने सिर्फ मेरे ही पीछे लगना शुरू किया है।"

"दोष तो तुम्हारा ही है मुल्ला।" पड़ोसियों ने कहा।

"अच्छा?" कहा नसीरुद्दीन ने।

"और चोर का क्या कोई भी दोष नहीं है?"

चन्दा

नसीरुद्दीन एक अमीर के घर अकाल पीड़ितों के लिए चन्दा माँगने गया। दरबान से कहा, "तुम अपने मालिक से जाकर कहो कि मुल्ला साहब चन्दा लेने आए हैं"

दरबान अन्दर जाकर कुछ मिनट बाद वापस लौट आया और बोला, "जी, मालिक जरा बाहर गए हुए हैं।"

"तो फिर मैं तुमसे एक बात कहकर जा रहा हूँ।" कहा नसीरुद्दीन ने।

"अपने मालिक के आने पर उनको कहना इधर से निकलते समय वे अपना सिर खिड़की के किनारे रखकर न जाया करें। कब चोर आए क्या कहा जा सकता है।"

मेरी मुर्गी

नसीरुद्दीन बाजार गया, उस दिन चिड़ियों का बाजार लगा था। पता चला पूरे एक सप्ताह यहाँ जानवरों का बाजार लगेगा। मुल्ला ने देखा कतार के कतार पिजड़ों में मैना बिक रही है। उसमें एक का दाम पचास रुपया है।

अगले दिन वह भी अपनी एक बड़ी मुर्गी को लेकर बाजार गया, सोच रहा था कि उसे बेचने से उसे मोटी रकम मिलेगी।

जब उसने देखा कि मुर्गी का दाम कोई पाँच रुपये से ज्यादा नहीं देना चाहता है तब उसने लोगों को फटकारना आरम्भ किया। उसे ऐसा करते देखा तो एक आदमी ने आकर उससे कहा, "मुल्ला, कल जो पंछी थे वे बात करते थे, इसीलिए उनका इतना दाम था। तुम्हारी मुर्गी बात करती है क्या?"

नसीरुद्दीन ने आँखें लाल-लाल करके कहा, "छोटे-छोटे पंछी बक-बक करके कानों के पर्दे फाड़ देते हैं तो उनका दाम हो गया पचास रुपया और मेरी इतनी बड़ी मुर्गी अपनी चिन्ता लिए चुप रहती है, इसलिए इसकी कोई कद्र नहीं? कोई लेना नहीं चाहता कितने मूर्ख हैं ये सब के सब।"

कुल्हाड़ी

नसीरुद्दीन बाजार से खाना लाता था, उसकी बीबी छिपाकर अपनी एक सहेली को दे दिया करती थी।

"बात क्या है, बताओ तो?"

एक दिन मुल्ला ने पूछा, "खाना आखिर जाता कहाँ?"

"बिल्ली चुरा लेती है।" बीबी बोली।

उसकी बात सुनकर नसीरुद्दीन ने अपनी शौक की कुल्हाड़ी को लाकर अलमारी के अन्दर छिपा डाला।

"तुमने कुल्हाड़ी को अल्मारी के अन्दर छिपा के क्यों रखा?" बीबी ने पूछा।

"बिल्ली अगर दस पैसे का खाना चुरा सकती है...कहा नसीरुद्दीन ने, तो फिर मैं दस रुपये की कुल्हाड़ी बाहर छोड़ूँ, किसके भरोसे?"

मेरा घर

एक चोर नसीरुद्दीन के घर में घुसा और उसका लगभग सभी समान चुराकर अपने घर की ओर रवाना हो गया।

नसीरुद्दीन ने रास्ते से सब कुछ देखा तो एक कम्बल कन्धे पर लेकर चोर का पीछा करता हुआ उसके घर में घुसा और कम्बल ओढ़कर फर्श पर ही लेट गया।

"कौन हो तुम?" चोर ने पूछा।

"तुम मेरे घर में क्यों हो?"

"जब मेरी सभी चीजें यहाँ हैं..." कहा नसीरुद्दीन ने।

"तो अब से यही मेरा घर हो गया न।"

पुलाव

यह जानकर की अच्छी खबर देने से बख्शीश मिलती है, एक आदमी ने नसीरुद्दीन से जाकर कहा, "तुम्हारे लिए बहुत अच्छी खबर है मुल्ला"

"कौन-सी खबर है मेरे भाई?"

"तुम्हारे बगल वाले घर में तुम्हारी पसन्द का पुलाव बन रहा है।"

"तो उससे मेरा क्या फायदा होगा?"

"वह कहता है कि तुम्हें भी पुलाव का हिस्सा देगा।"

"तो उससे तुम्हें क्या?"

गाने का शौक

नसीरुद्दीन को गाना-बजाना सीखने का शौक हुआ था। उसने एक महान संगीतज्ञ के पास जाकर पूछा, "आप वाद्ययंत्र सिखाने का कितना लेते हैं?"

"पहले महीने में तीन चाँदी की मुद्राएँ, दूसरे महीने से हर महीने एक चाँदी की मुद्रा देनी होगी।

"अच्छी बात है, तो फिर दूसरे महीने से ही शुरू करूँगा मैं।" नसीरुद्दीन ने कहा।

तला हुआ अंडा

मुल्ला नसीरुद्दीन एक सराय की निगरानी करने वाले के काम पर नियुक्त हुआ। एक दिन वहाँ सम्राट ने दल-बल के साथ आकर कहा कि वे तला हुआ अंडा खाएंगे।

खाना खत्म करके शहंशाह ने नसीरुद्दीन से कहा, "अब हम लोग शिकार करने जाएँगे, बताओ तो कितना देना होगा तुम लोगों को?"

"जहाँपनाह, तले हुए अंडे के लिए केवल एक हजार स्वर्ण मुद्राएँ लगेंगी।" नसीरुद्दीन ने कहा।

सम्राट की आँखें फट गईं।

"अंडा क्या यहाँ इतना दुर्लभ है?" उन्होंने प्रश्न किया।

"जी नहीं, जहाँपनाह।" कहा नसीरुद्दीन ने।

"अंडा दुर्लभ नहीं है? दुर्लभ है सम्राट जैसा खरीददार।"

पैसा

नसीरुद्दीन एक नदी के किनारे बैठा हुआ था, ऐसे समय देखता है कि नौ अन्धे नदी की ओर आ रहे हैं और नदी को पार करने के विषय में सोच रहे हैं।

नसीरुद्दीन ने उनसे प्रस्ताव किया कि प्रति आदमी से एक-एक पैसा लेकर वह एक-एक आदमी को अपने कन्धे पर बैठाकर पार उतार देगा। सभी अन्धे इस बात पर राजी हो गए।

नसीरुद्दीन ने आठ आदमियों को पार उतार दिया। नौवें को जब वह कन्धे पर ले कर पार कर रहा था तो पैर में ठेस लगी तो कन्धे से गिरकर अन्धा आदमी डुब गया।

बाकी आठों आदमियों को देर का एहसास हुआ तो चिल्ला-चिल्लाकर आवाज लगाने लगे। मुल्ला साहब, "क्या हुआ?"

"अरे भाई एक पैसा बच गया आप लोगों का।" मुल्ला नसीरुद्दीन ने कहा।

कब्रिस्तान

एक शाम को रास्ते से जाते-जाते नसीरुद्दीन ने कुछेक घुड़सवारों को आगे आते देखा तो गलत समझा। बेशक ये लोग उसे पकड़कर ले जाएँगे और शहंशाह की फौज में भर्ती कर देंगे।

रास्ते के पास ही एक कब्रिस्तान था। नसीरुद्दीन दौड़कर उसी में छिप गया।

घुड़सवार कौतुहल के कारण कब्रिस्तान में घुस गए, "देखा यहाँ क्या हो रहा है। मुल्ला नसीरुद्दीन एक कब्र के बराबर में जड़वत पड़ा हुआ है।"

“यहाँ क्या हो रहा है मुल्ला साहब?” उन लोगों ने अचम्भे में पड़कर पूछा।

नसीरुद्दीन समझ गया कि उसके दौड़ने में ही कही गलती हो गई है। उसने कहा, “सारे प्रश्नों का सहज उत्तर नहीं हो सकता। अगर मैं यह कहूँ कि तुम लोगों के चलते ही मैं यहाँ आया हूँ और मेरे चलते ही तुम लोग यहाँ आए हो तो कुछ समझोगे? या समझने का प्रयास करोगे?”

●●●